경건의 일기

(하나님과 나만의 교제)

나의 힘이 되신 여호와여, 내가 주를 사랑하나이다. (시편 18:1)

TO KNOW CHRIST AND TO MAKE HIM KNOWN

네비게이토 선교회는
국제적이며 복음적인 기독교 기관이다.
예수 그리스도께서는 자기를 따르는 자들에게
"너희는 가서 모든 족속으로 제자를 삼으라"
(마태복음 28:19)는 지상사명을 주셨다.
네비게이토 선교회는 세계 모든 국가에서
예수 그리스도의 일꾼들을 배가시켜
이 지상사명의 성취를 돕는 것을
근본 목표로 하고 있다.

네비게이토 출판사는
네비게이토 선교회의 문서 선교를 담당하고 있다.
본 출판사에서는 그리스도인의 영적 성장을 돕는
서적과 자료들을 출판하여,
그리스도인의 삶의 기초가 견고한
헌신된 제자로 성장하게 하고,
나아가 성숙한 인격과 지도력을 갖춘
일꾼이 되도록 돕고 있다.

하나님과 함께 7분간

로버트 D. 포스터 저

('경건의 일기'를 사용하시기 전에, 경건의 시간을 가지는 데 큰 동기가 될 '하나님과 함께 7분간'을 먼저 소개합니다. '하나님과 함께 7분간'은 하나님께 경배하며 기도하고 말씀을 섭취하는 일에 훌륭한 안내자 역할을 할 것입니다.)

1882년, 케임브리지 대학 구내에서 처음으로 다음과 같은 슬로건이 제창되었습니다.

"경건의 시간을 기억하라."

후퍼나 손턴 같은 학생들은 그들의 생활이 공부와 강의와 각종 경기와 자유 토론 등으로 꽉 차 있음을 알게 되었습니다. 열정적인 활동만이 하루 일과의 전부였습니다. 이들 열정적인 학생들은 그들의 영적 갑옷에 틈이 생겼음을 곧 발견했습니다. 조그마한 틈일지라도 곧 메워지지 않으면 파멸을 가져오고 말 것입니다.

그들은 해결책을 모색했고 해결 방안을 찾아냈습니다. 하루 중의 첫 시간 얼마를 성경 읽기와 기도로 하나님과 함께 보낼 계획을 세웠고, 그들은 이것을 경건의 시간이라고 불렀습니다.

경건의 시간은 그 갈라진 틈을 메워 주었습니다. 경건의 시간은 밀려오는 활동의 압력으로 빛을 잃어 가던, 매일 재발견되어야 할 진리들을 소중히 간직하게 하여 주었습니다. 하나님을 더 가까이 알기 위해서는 하나님과 함께 지속적으로 시간을 보내는 것이 필요했습니다.

이 제안은 불이 붙었습니다. 이를 통하여 놀라운 영적 축복을 학생들은 경험하게 되었고, 드디어 탁월한 운동선수요 부유하고 교육받은 사람들인 '케임브리지 7인'이 선교사로 떠나기에 이르렀습니다. 이들은 모든 것을 내어 던지고 그리스도를 위하여 중국으로 갔습니다.

그러나 이들이 발견한 사실은 경건의 시간이 극히 중요했던 것만큼이나 경건의 시간을 위하여 제시간에 일어나는 것도 극히 힘들었다는 점입니다. 손턴은 게으름을 훈련으로 극복하기로 결심했습니다. 그는 게으른 버릇을 바로잡는 아주 간단한 자동 장치를 고안해 냈습니다. 이것은 침대 옆에 부착된 새로운 장치로서, 자명종의 진동이 낚싯대를 튕기게 하고 낚싯줄에 달아 놓은 담요가 잠자는 사람의 몸을 떠나 공중으로 날아가 버리도록 한 것입니다.

손턴은 그의 하나님을 만나기 위해 깨어 일어나고 싶었습니다!

그리스도와 함께하는 영적 교제는 아침 경건의 시간으로 회복되어야 합니다. 명칭은 뭐라 해도 좋습니다. 경건의 시간, 개인 예배, 새벽 제단, 개인 기도회 등등. 하루가 시작될 때 갖는 이러한 거룩한 몇 분간은 기독교 신앙의 내적 비밀을 설명하여 줍니다. 이것은 모세로부터 데이비드 리빙스턴까지, 아모스 선지자로부터 빌리 그래함까지, 부유한 자와 가난한 자들, 사업가와 군사 요원에 이르기까지 모든 위대한 하나님의 사람들을 묶어 연결하는 금 사슬입니다. 하나님을 위하여 크게 역사한 모든 사람들은 그들의 생활에서 최우선권을 두는 핵심적 위치에 '하나님과 나만의 시간'을 두고 있었습니다.

다윗은 시편 57:7에서 "하나님이여, 내 마음이 확정되었고 내 마음이 확정되었사오니…"라고 말했습니다. 확정된 마음은 삶을 견고하게 하여 줍니다. 그리스도인들 가운데서 이러한 마음과 생활을 간직하고 있는 사람은 극히 적습니다. 이 문제를 해결하기 위해 필요한 것은 경건의 시간을 어떻게 시작하고 또 지속시켜 나갈 것인가에 대한 실천성 있는 계획입니다.

경건의 시간을 시작하도록 돕기 위하여 실제적 제안을 하고자 합니다. 우선 7분으로 시작하십시오. 5분은 짧고 10분은 처음 시작하는 사람들에게 약간 길지도 모르기 때문입니다.

　당신은 매일 아침 7분을 할애할 용의가 있습니까? 7일 중 닷새 아침이나 7일 중 엿새 아침이 아니라 7일 중 매일 아침을! 하나님께 도움을 구하십시오. "주님, 아침에 적어도 7분간 먼저 주님과 만나고 싶습니다. 내일 아침 6시 15분 자명종이 울릴 때 주님과 만날 것을 약속합니다."

　시편 5:3이 당신의 기도가 될 수 있습니다. "여호와여, 아침에 주께서 나의 소리를 들으시리니 아침에 내가 주께 기도하고 바라리이다."

　7분을 어떻게 사용할까요? 침상에서 일어나 간단히 주위를 정돈한 후에 성경을 가지고 조용한 장소를 찾아가서 혼자 조용히 하나님과 7분을 즐기십시오.

　첫 30초를 당신의 마음을 준비하는 데 사용하십시오. 하나님께서 지난 밤에 편히 쉬게 하여 주신 것과 새날을 허락하여 주신 것을 감사드리십시오. "주님, 나의 마음을 정결하게 하옵시고 말씀을 통하여 주님의 음성을 들려주시옵소서. 나의 정신을 맑게 하옵시고 내 영혼을 소성시켜 주셔서 주님의 말씀에 응답하게 하옵소서. 이 시간을 통하여 주님의 임재하심으로 나를 감싸 주시옵소서. 아멘."

　이제 4분간 말씀을 읽으십시오. 당신에게 가장 필요한 것은 하나님의 말씀을 듣는 것입니다. 말씀으로 하여금 당신의 마음에 불을 붙이도록 하십시오. 창조주 하나님을 만나십시오.

　시작하는 데는 복음서 중 하나가 좋습니다. 마가복음부터 시작하십시오. 한 절 한 절, 한 장 한 장을 꾸준히 읽어 나가십시오. 너무 빨리 읽지 마십시오. 그렇다고 어떤 말씀이나, 사상이나 머리에 떠오르는 신학적 문제들에 대하여 성경공부를 하려고 읽기를 중단하지도 마십시오. 이 시간은 말씀을 읽는 순수한 기쁨을 누리며 하나님께서 말씀하시도록 하기 위하여 성경을 읽는 시간입니다. 단지 몇 구절 정도를 읽을 수도 있고 한 장을 읽을 수도 있을 것입니다. 마가복음을 끝낸 후에는 요한복음을 시작하십시오. 조만간 당신은 더 읽고 싶어지고 신약성경 전체를 읽게 될 것입니다.

하나님께서 성경을 통하여 말씀하신 다음에는, 당신이 기도로 하나님께 말씀드리십시오. 이제 2분 30초가 남아 있습니다. 다음 네 영역의 기도를 통하여 주님과의 교제를 즐기십시오. 각 영역의 영어 머리글자를 따면 ACTS(사도행전)가 됩니다.

찬양(Adoration). 이것은 전적으로 하나님만을 위한 기도이기 때문에 가장 순수한 기도입니다. 이 기도 속에는 당신을 위한 것은 아무것도 없습니다. 당신은 왕의 존전에 무작정 뛰어들지 않습니다. 적절한 예의를 갖추고 들어갑니다. 하나님께도 그렇게 하십시오. 그분께 경배하십시오. 먼저 당신이 주님을 사랑하고 있음을 말씀드리십시오. 그분의 크심과 능력과 위엄과 주권을 찬양하십시오.

자백(Confession). 주님을 대하고 있는 동안 당신은 모든 죄가 씻기고 용서받기를 원합니다. 자백은 '누구와 견해를 같이한다'라는 어원에서 나왔습니다. 이것을 기도에 적용하면, 자백이란 당신의 말과 행동과 생각에 대하여 하나님과 견해를 같이한다는 뜻입니다. 당신이 약간 과장한 것이라고 말하는 것을 하나님은 거짓말이라고 하십시오. 당신이 강경한 어조라고 말하는 것을 하나님은 맹세라고 하십시오. 당신이 교회의 누구에 대한 사실을 말한다고 할 때 하나님은 이것을 험담이라고 하십시오. "내가 내 마음에 죄악을 품으면 주께서 듣지 아니하시리라"(시편 66:18).

감사(Thanksgiving). 하나님께 당신의 감사하는 마음을 나타내십시오. 하나님께 감사드릴 몇 가지 특별한 사항들을 생각하여 보십시오. 당신의 가족, 당신의 사업, 당신의 교회와 봉사 직분 등. 어려운 일에 대해서까지도 주님께 감사드리십시오. "범사에 감사하라. 이는 그리스도 예수 안에서 너희를 향하신 하나님의 뜻이니라"(데살로니가전서 5:18).

간구(Supplication). 진실되고 겸손하게 간구하십시오. 당신의 기도 생활 중에서 이 부분은 당신의 소원들을 주님께 아뢰는 부분입니다. 먼저 다른 사람들을 위하여, 다음에는 당신 자신을 위하여 기도하십시오. 선교사들과 영적 지도자들과 친구들을 위하여 기도하십시오. 특별히 아직까지 예수 그리스도에 대하여 듣지 못한 많은 나라의 백성들을 위하여 기도하십시오.

7분간의 경건의 시간을 정리해 보면,

(0:30) : 인도를 위한 기도(시편 143:8)
(4:00) : 말씀 읽기(시편 119:18)
(2:30) : 기도
　　　　 찬양(역대상 29:11)
　　　　 자백(요한일서 1:9)
　　　　 감사(에베소서 5:20)
　　　　 간구(마태복음 7:7)
―――――――――――――――――
(7:00)

　이것은 하나의 간단한 제안입니다. 얼마 안 가서 당신은 주님과 단지 7분을 보낸다는 것은 부족하다는 것을 알게 될 것입니다. 놀라운 일이 일어날 것입니다. 7분이 20분이 되고 또 머지않아 당신은 즈님과 함께하는 30분의 귀중한 시간을 갖게 될 것입니다. 습관에 몰두하지 말고 구원의 주님께 몰두하십시오.
　다른 사람들이 하고 있기 때문에 하거나, 매일 아침 갖는 무감동한 의무로 하거나, 경건의 시간을 갖는 것 자체가 목적이 되어서 하지 말고, 하나님께서 거저 주신, 그분 자신과 교제할 수 있는 특권을 인하여 경건의 시간을 가지십시오. 매일 7분간의 경건의 시간을 갖기로 지금 바로 주님과 약속하십시오. 그리고 계속 그 시간을 보호하고 살찌우고 유지시켜 나가십시오.

경건의 일기를
효과적으로 사용하려면…

하나님과 매일 개인적으로 교제를 갖는 것은 풍성한 그리스도인의 삶을 지속하는 데 가장 중요한 것입니다. 성경이나 오랫동안의 그리스도인의 체험을 통해서, 하나님의 사람들은 날마다 헌신을 새롭게 하는 것을 제일로 삼아야 한다는 것을 발견하였습니다.

여기에 당신이 하나님의 말씀에서 영적인 양식을 섭취하면서 주님과 매일 동행하는 삶을 발전시키는 데 도움을 주는 일곱 가지 제안이 있습니다.

계 획 : 먼저 경건의 시간을 위해서 가장 좋은 시간을 계획하십시오. 이것은 마음이 분산되는 것을 막는 열쇠가 됩니다. 많은 사람들은 정신이 맑은 이른 아침이 가장 좋은 시간이라고 말하고 있습니다. 어느 시간이든지 그 시간을 당신의 일상생활의 일부분으로 지켜 나가십시오.

장 소 : 방해받지 않는 곳을 택하십시오. 그렇게 하면 주님과 그의 말씀에 집중하는 데 도움이 될 것입니다. 될 수 있으면 소리를 내어 기도할 수 있는 장소를 찾아보는 것도 좋겠지요. 때로는 밖으로 나가서 시간을 가질 수도 있습니다. "…은밀한 중에 계신 네 아버지께 기도하라. 은밀한 중에 보시는 네 아버지께서 갚으시리라"(마태복음 6:6하).

준 비 : 처음 2, 3분 동안에 당신의 마음을 준비하십시오. 이 몇 분을 하나님께 드리십시오. 하나님의 영광을 생각해 보십시오. 말씀을 통해 하나님 자신을 새롭게 나타내 주시도록 기도하십시오. "내 눈을 열어서 주의 법의 기이한 것을 보게 하소서"(시편 119:18).

본 문 : 말씀을 깊이 묵상할 수 있도록 본문 구절이 짧게 돼 있습니다. 새로운 진리를 찾는 마음으로 주의 깊게 그 본문을 읽으십시오. 하나님께서 무엇을 말씀하시는가를 생각하고 성령께서 당신의 마음에 깨우쳐 주시는 놀라운 사실을 찾으십시오.

기 록 : ● 나의 발견(제목): 제목을 짧게 기록하십시오. 이 제목은 당신이 받은 축복을 하루 종일 간직하는 데 도움이 됩니다.
● 나의 이해: 본문의 내용에서 발견한 놀라운 진리를 묵상하고 기록해 두십시오. 이러한 과정을 거칠 때 내용을 올바로 파악하고 잘못된 해석으로부터 보호를 받을 수 있습니다.
● 나의 실천: 하나님과의 교제를 통하여 유익을 얻는 비결은 배운바 놀라운 말씀을 매일의 생활에 실천하는 것입니다. 이 교훈을 통하여 어떻게 그리스도를 더 닮아 나갈 수 있을지 구체적으로 기록하십시오. 아래의 관점에서 생각해 보면 도움이 됩니다.
- 내가 따라야 할 본이 있는가?
- 내가 순종해야 할 명령이 있는가?
- 내가 피해야 할 잘못이 있는가?
- 내가 버려야 할 죄가 있는가?
- 내가 주장해야 할 약속이 있는가?
- 하나님에 대한 새로운 지식이 있는가?

기 도 : 끝으로 당신이 적용한 바를 기도로써 주님께 맡기십시오. 주님의 능력에 의해서만 우리가 변화를 받을 수 있기 때문입니다.

다음은 이 일기를 사용한 예입니다.

월요일 날짜 2017. 1. 2.   오늘의 말씀 요 1:1-5

나의 발견(제목)   생명과 빛이 되신 예수님

나의 이해 예수님은 태초부터 하나님과 함께 계셨으며 천지 창조에 동역하셨다. 하나님은 말씀을 통해서 자신을 계시해 주셨으며 예수님을 통해서 자신을 드러내 보여 주셨다. 예수님은 어둠을 비추는 빛이 되시며 그 안에 생명을 가지고 계신다.

나의 실천 나는 얼마 전에 예수님을 마음속에 모셔 들였다. 예수님 안에 생명이 있기 때문에 나는 예수님 안에 있는 그 생명을 소유하게 된 것이다. 이 사실을 생각하면 마음이 얼마나 기쁜지 모르겠다. 친구 심석이가 생각난다. 그는 아직 예수님을 모르고 있는데 예수님을 알려 주고 그도 예수님을 영접하도록 도와 이 기쁨을 함께 나눌 수 있도록 해야겠다.

❋ ❋ ❋

'경건의 일기'는 경건의 시간을 효과적으로 갖는 데 도움이 됩니다. 일기의 앞부분에 세 종류의 프로그램을 소개해 놓았고, 뒷부분에 다섯 종류의 프로그램을 추가해 놓았는데, 개인의 계획에 따라 선택하여 사용하기 바랍니다.

(경건의 시간에 대하여 더 자세히 알기 원하면 네비게이토 출판사에서 발행한 '경건의 시간,' 'Quiet Time으로의 초대,' '경건의 시간을 갖는 법' (소책자 42) 등을 읽으십시오. 좋은 참고 자료가 될 것입니다.)

매일의 말씀
프로그램 I

날짜	1월	2월	3월
1	시 1:1-6	시 2:1-12	시 16:1-11
2	요 1:1-5	요 6:66-71	요 12:12-19
3	요 1:6-13	요 7:1-13	요 12:20-26
4	요 1:14-18	요 7:14-24	요 12:27-36
5	요 1:19-28	요 7:25-36	요 12:36-43
6	요 1:29-34	요 7:37-44	요 12:44-50
7	요 1:35-42	요 7:45-53	골 1:1-8
8	요 1:43-51	요 8:1-11	골 1:9-14
9	요 2:1-12	요 8:12-20	골 1:15-23
10	요 2:13-25	요 8:21-30	골 1:24-29
11	요 3:1-15	요 8:31-36	골 2:1-5
12	요 3:16-21	요 8:37-47	골 2:6-15
13	요 3:22-30	요 8:48-59	골 2:16-23
14	요 3:31-36	요 9:1-12	골 3:1-11
15	요 4:1-15	요 9:13-23	골 3:12-17
16	요 4:16-26	요 9:24-34	골 3:18-25
17	요 4:27-38	요 9:35-41	골 4:1-6
18	요 4:39-45	요 10:1-6	골 4:7-18
19	요 4:46-54	요 10:7-21	살전 1:1-10
20	요 5:1-9	요 10:22-30	살전 2:1-12
21	요 5:9-18	요 10:31-42	살전 2:13-20
22	요 5:19-29	요 11:1-4	살전 3:1-7
23	요 5:30-47	요 11:5-16	살전 3:8-13
24	요 6:1-15	요 11:17-27	살전 4:1-12
25	요 6:16-21	요 11:28-44	살전 4:13-18
26	요 6:22-27	요 11:45-53	살전 5:1-11
27	요 6:28-36	요 11:54-57	살전 5:12-22
28	요 6:37-40	요 12:1-11	살전 5:23-28
29	요 6:41-51		빌 1:1-11
30	요 6:52-59		빌 1:12-24
31	요 6:60-65		빌 1:25-30

매일의 말씀
프로그램 I

날짜	4월	5월	6월
1	시 19:1-14	시 23:1-6	시 24:1-10
2	빌 2:1-4	요 18:33-40	고전 8:1-6
3	빌 2:5-11	요 19:1-16	고전 8:7-13
4	빌 2:12-18	요 19:17-22	고전 9:1-18
5	빌 2:19-30	요 19:23-30	고전 9:19-23
6	빌 3:1-16	요 19:31-37	고전 9:24-27
7	빌 3:17-21	요 19:38-42	고전 10:1-13
8	빌 4:1-9	요 20:1-10	고전 10:14-22
9	빌 4:10-23	요 20:11-18	고전 10:23-33
10	요 13:1-11	요 20:19-23	고전 11:1-16
11	요 13:12-20	요 20:24-31	고전 11:17-34
12	요 13:21-30	요 21:1-14	고전 12:1-11
13	요 13:31-38	요 21:15-25	고전 12:12-31
14	요 14:1-11	고전 1:1-9	고전 13:1-13
15	요 14:12-24	고전 1:10-17	고전 14:1-19
16	요 14:25-31	고전 1:18-25	고전 14:20-25
17	요 15:1-7	고전 1:26-31	고전 14:26-33
18	요 15:8-17	고전 2:1-5	고전 14:34-40
19	요 15:18-27	고전 2:6-16	고전 15:1-11
20	요 16:1-15	고전 3:1-9	고전 15:12-19
21	요 16:16-24	고전 3:10-15	고전 15:20-28
22	요 16:25-33	고전 3:16-23	고전 15:29-34
23	요 17:1-8	고전 4:1-5	고전 15:35-49
24	요 17:9-13	고전 4:6-13	고전 15:50-58
25	요 17:14-17	고전 4:14-21	고전 16:1-9
26	요 17:18-26	고전 5:1-13	고전 16:10-14
27	요 18:1-11	고전 6:1-11	고전 16:15-24
28	요 18:12-18	고전 6:12-20	시 25:1-22
29	요 18:19-24	고전 7:1-7	시 27:1-14
30	요 18:25-32	고전 7:8-24	시 32:1-11
31		고전 7:25-40	

매일의 말씀
프로그램 I

날짜	7월	8월	9월
1	시 33:1-22	시 34:1-22	시 40:1-17
2	막 1:1-8	막 7:31-37	막 8:1-10
3	막 1:9-15	롬 1:1-7	막 8:11-21
4	막 1:16-20	롬 1:8-17	막 8:22-26
5	막 1:21-28	롬 1:18-23	막 8:27-38
6	막 1:29-34	롬 1:24-32	막 9:1-13
7	막 1:35-39	롬 2:1-11	막 9:14-29
8	막 1:40-45	롬 2:12-16	막 9:30-37
9	막 2:1-12	롬 2:17-24	막 9:38-50
10	막 2:13-17	롬 2:25-29	막 10:1-12
11	막 2:18-22	롬 3:1-8	막 10:13-16
12	막 2:23-28	롬 3:9-18	막 10:17-22
13	막 3:1-6	롬 3:19-31	막 10:23-34
14	막 3:7-12	롬 4:1-8	막 10:35-45
15	막 3:13-19	롬 4:9-15	막 10:46-52
16	막 3:20-30	롬 4:16-25	막 11:1-11
17	막 3:31-35	롬 5:1-5	막 11:12-19
18	막 4:1-20	롬 5:6-11	막 11:20-26
19	막 4:21-25	롬 5:12-21	막 11:27-33
20	막 4:26-34	롬 6:1-14	막 12:1-12
21	막 4:35-41	롬 6:15-23	막 12:13-17
22	막 5:1-20	롬 7:1-6	막 12:18-27
23	막 5:21-34	롬 7:7-12	막 12:28-34
24	막 5:35-43	롬 7:13-20	막 12:35-40
25	막 6:1-6	롬 7:21-25	막 12:41-44
26	막 6:7-13	롬 8:1-11	막 13:1-13
27	막 6:14-29	롬 8:12-17	막 13:14-27
28	막 6:30-44	롬 8:18-25	막 13:28-37
29	막 6:45-56	롬 8:26-30	막 14:1-11
30	막 7:1-23	롬 8:31-39	막 14:12-21
31	막 7:24-30	시 37:1-40	

매일의 말씀
프로그램 I

날짜	10월	11월	12월
1	시 42:1-11	시 46:1-11	시 50:1-23
2	막 14:22-26	롬 13:1-7	시 119:137-144
3	막 14:27-31	롬 13:8-14	시 119:145-152
4	막 14:32-42	롬 14:1-6	시 119:153-160
5	막 14:43-52	롬 14:7-12	시 119:161-168
6	막 14:53-65	롬 14:13-23	시 119:169-176
7	막 14:66-72	롬 15:1-6	갈 1:1-10
8	막 15:1-15	롬 15:7-13	갈 1:11-17
9	막 15:16-20	롬 15:14-21	갈 1:18-24
10	막 15:21-32	롬 15:22-33	갈 2:1-10
11	막 15:33-41	롬 16:1-16	갈 2:11-21
12	막 15:42-47	롬 16:17-20	갈 3:1-14
13	막 16:1-11	롬 16:21-27	갈 3:15-22
14	막 16:12-20	시 119:1-8	갈 3:23-29
15	롬 9:1-5	시 119:9-16	갈 4:1-7
16	롬 9:6-13	시 119:17-24	갈 4:8-11
17	롬 9:14-18	시 119:25-32	갈 4:12-20
18	롬 9:19-29	시 119:33-40	갈 4:21-31
19	롬 9:30-33	시 119:41-48	갈 5:1-15
20	롬 10:1-8	시 119:49-56	갈 5:16-26
21	롬 10:9-15	시 119:57-64	갈 6:1-5
22	롬 10:16-21	시 119:65-72	갈 6:6-10
23	롬 11:1-6	시 119:73-80	갈 6:11-18
24	롬 11:7-12	시 119:81-88	계 20:1-10
25	롬 11:13-24	시 119:89-96	계 20:11-15
26	롬 11:25-32	시 119:97-104	계 21:1-8
27	롬 11:33-36	시 119:105-112	계 21:9-27
28	롬 12:1-2	시 119:113-120	계 22:1-5
29	롬 12:3-8	시 119:121-128	계 22:6-15
30	롬 12:9-13	시 119:129-136	계 22:16-21
31	롬 12:14-21		시 150:1-6

매일의 말씀
프로그램 II

날짜	1월	2월	3월
1	시 57:1-11	시 62:1-12	시 63:1-11
2	눅 1:1-7	눅 6:46-49	눅 11:5-13
3	눅 1:8-25	눅 7:1-10	눅 11:14-26
4	눅 1:26-38	눅 7:11-17	눅 11:27-32
5	눅 1:39-45	눅 7:18-23	눅 11:33-36
6	눅 1:46-56	눅 7:24-35	눅 11:37-44
7	눅 1:57-66	눅 7:36-50	눅 11:45-54
8	눅 1:67-80	눅 8:1-3	눅 12:1-12
9	눅 2:1-7	눅 8:4-15	눅 12:13-21
10	눅 2:8-14	눅 8:16-21	눅 12:22-34
11	눅 2:15-21	눅 8:22-25	눅 12:35-40
12	눅 2:22-40	눅 8:26-39	눅 12:41-48
13	눅 2:41-52	눅 8:40-48	눅 12:49-53
14	눅 3:1-6	눅 8:49-56	눅 12:54-59
15	눅 3:7-14	눅 9:1-9	딤전 1:1-11
16	눅 3:15-20	눅 9:10-17	딤전 1:12-20
17	눅 3:21-38	눅 9:18-27	딤전 2:1-7
18	눅 4:1-13	눅 9:28-36	딤전 2:8-15
19	눅 4:14-30	눅 9:37-43	딤전 3:1-7
20	눅 4:31-37	눅 9:43-48	딤전 3:8-16
21	눅 4:38-44	눅 9:49-56	딤전 4:1-8
22	눅 5:1-11	눅 9:57-62	딤전 4:9-16
23	눅 5:12-16	눅 10:1-16	딤전 5:1-16
24	눅 5:17-26	눅 10:17-20	딤전 5:17-25
25	눅 5:27-39	눅 10:21-24	딤전 6:1-10
26	눅 6:1-5	눅 10:25-37	딤전 6:11-21
27	눅 6:6-11	눅 10:38-42	요일 1:1-4
28	눅 6:12-19	눅 11:1-4	요일 1:5-10
29	눅 6:20-26		요일 2:1-6
30	눅 6:27-38		요일 2:7-11
31	눅 6:39-45		요일 2:12-17

매일의 말씀
프로그램 II

날짜	4월	5월	6월
1	시 73:1-28	시 75:1-10	시 84:1-12
2	요일 2:18-29	눅 17:11-19	눅 23:1-12
3	요일 3:1-3	눅 17:20-37	눅 23:13-25
4	요일 3:4-12	눅 18:1-8	눅 23:26-38
5	요일 3:13-24	눅 18:9-14	눅 23:39-43
6	요일 4:1-6	눅 18:15-17	눅 23:44-49
7	요일 4:7-10	눅 18:18-30	눅 23:50-56
8	요일 4:11-21	눅 18:31-34	눅 24:1-12
9	요일 5:1-10	눅 18:35-43	눅 24:13-35
10	요일 5:11-13	눅 19:1-10	눅 24:36-43
11	요일 5:14-17	눅 19:11-27	눅 24:44-53
12	요일 5:18-21	눅 19:28-40	잠 1:1-6
13	눅 13:1-5	눅 19:41-48	잠 1:7-19
14	눅 13:6-9	눅 20:1-8	잠 1:20-33
15	눅 13:10-17	눅 20:9-18	잠 2:1-8
16	눅 13:18-21	눅 20:19-26	잠 2:9-22
17	눅 13:22-30	눅 20:27-40	잠 3:1-10
18	눅 13:31-35	눅 20:41-47	잠 3:11-26
19	눅 14:1-6	눅 21:1-4	잠 3:27-35
20	눅 14:7-14	눅 21:5-19	잠 4:1-9
21	눅 14:15-24	눅 21:20-28	잠 4:10-19
22	눅 14:25-35	눅 21:29-38	잠 4:20-27
23	눅 15:1-10	눅 22:1-6	잠 5:1-6
24	눅 15:11-24	눅 22:7-13	잠 5:7-14
25	눅 15:25-32	눅 22:14-23	잠 5:15-23
26	눅 16:1-13	눅 22:24-34	잠 6:1-5
27	눅 16:14-18	눅 22:35-38	잠 6:6-11
28	눅 16:19-31	눅 22:39-46	잠 6:12-19
29	눅 17:1-4	눅 22:47-53	잠 6:20-26
30	눅 17:5-10	눅 22:54-62	잠 6:27-35
31		눅 22:63-71	

매일의 말씀
프로그램 II

날짜	7월	8월	9월
1	시 90:1-17	시 91:1-16	시 92:1-15
2	잠 7:1-5	약 1:1-11	사 46:1-13
3	잠 7:6-27	약 1:12-18	사 47:1-15
4	잠 8:1-9	약 1:19-27	사 48:1-11
5	잠 8:10-21	약 2:1-13	사 48:12-22
6	잠 8:22-31	약 2:14-26	사 49:1-7
7	잠 8:32-36	약 3:1-12	사 49:8-13
8	잠 9:1-6	약 3:13-18	사 49:14-21
9	잠 9:7-12	약 4:1-10	사 49:22-26
10	잠 9:13-18	약 4:11-17	사 50:1-11
11	잠 10:1-7	약 5:1-12	사 51:1-6
12	잠 10:8-13	약 5:13-20	사 51:7-16
13	잠 10:14-21	사 40:1-11	사 51:17-23
14	잠 10:22-32	사 40:12-26	사 52:1-12
15	잠 11:1-6	사 40:27-31	사 52:13-15
16	잠 11:7-11	사 41:1-7	사 53:1-6
17	잠 11:12-19	사 41:8-20	사 53:7-12
18	잠 11:20-26	사 41:21-29	사 54:1-10
19	잠 11:27-31	사 42:1-9	사 54:11-17
20	잠 12:1-8	사 42:10-17	사 55:1-5
21	잠 12:9-14	사 42:18-25	사 55:6-13
22	잠 12:15-23	사 43:1-7	사 56:1-12
23	잠 12:24-28	사 43:8-13	사 57:1-13
24	잠 13:1-8	사 43:14-21	사 57:14-21
25	잠 13:9-15	사 43:22-28	사 58:1-14
26	잠 13:16-25	사 44:1-8	사 59:1-8
27	잠 14:1-8	사 44:9-20	사 59:9-15
28	잠 14:9-16	사 44:21-28	사 59:15-21
29	잠 14:17-25	사 45:1-8	사 60:1-9
30	잠 14:26-30	사 45:9-19	사 60:10-14
31	잠 14:31-35	사 45:20-25	

매일의 말씀
프로그램 II

날짜	10월	11월	12월
1	시 95:1-11	시 100:1-5	시 101:1-8
2	사 60:15-22	잠 19:1-7	잠 26:1-12
3	사 61:1-11	잠 19:8-15	잠 26:13-19
4	사 62:1-5	잠 19:16-23	잠 26:20-28
5	사 62:6-12	잠 19:24-29	잠 27:1-6
6	사 63:1-14	잠 20:1-7	잠 27:7-12
7	사 63:15-19	잠 20:8-15	잠 27:13-22
8	사 64:1-7	잠 20:16-24	잠 27:23-27
9	사 64:8-12	잠 20:25-30	잠 28:1-8
10	사 65:1-7	잠 21:1-8	잠 28:9-14
11	사 65:8-16	잠 21:9-15	잠 28:15-22
12	사 65:17-25	잠 21:16-23	잠 28:23-28
13	사 66:1-6	잠 21:24-31	잠 29:1-7
14	사 66:7-14	잠 22:1-9	잠 29:8-14
15	사 66:15-24	잠 22:10-16	잠 29:15-21
16	잠 15:1-7	잠 22:17-21	잠 29:22-27
17	잠 15:8-12	잠 22:22-29	잠 30:1-6
18	잠 15:13-17	잠 23:1-8	잠 30:7-14
19	잠 15:18-27	잠 23:9-18	잠 30:15-23
20	잠 15:28-33	잠 23:19-28	잠 30:24-33
21	잠 16:1-9	잠 23:29-35	잠 31:1-9
22	잠 16:10-15	잠 24:1-7	잠 31:10-31
23	잠 16:16-22	잠 24:8-14	딤후 1:1-8
24	잠 16:23-33	잠 24:15-22	딤후 1:9-14
25	잠 17:1-6	잠 24:23-29	딤후 1:15-18
26	잠 17:7-15	잠 24:30-34	딤후 2:1-13
27	잠 17:16-21	잠 25:1-7	딤후 2:14-26
28	잠 17:22-28	잠 25:8-14	딤후 3:1-9
29	잠 18:1-8	잠 25:15-22	딤후 3:10-17
30	잠 18:9-16	잠 25:23-28	딤후 4:1-8
31	잠 18:17-24		딤후 4:9-22

매일의 말씀
프로그램 III

날짜	1월	2월	3월
1	시 103:1-22	시 110:1-7	시 112:1-10
2	마 1:1-17	마 9:18-26	창 14:17-24
3	마 1:18-25	마 9:27-34	창 15:1-11
4	마 2:1-12	마 9:35-38	창 15:12-21
5	마 2:13-18	마 10:1-15	창 16:1-16
6	마 2:19-23	마 10:16-23	창 17:1-14
7	마 3:1-12	마 10:24-33	창 17:15-27
8	마 3:13-17	마 10:34-42	창 18:1-15
9	마 4:1-11	마 11:1-11	창 18:16-33
10	마 4:12-17	마 11:12-19	창 19:1-11
11	마 4:18-25	마 11:20-24	창 19:12-22
12	마 5:1-12	마 11:25-30	창 19:23-38
13	마 5:13-20	마 12:1-8	창 20:1-18
14	마 5:21-26	마 12:9-21	창 21:1-7
15	마 5:27-32	마 12:22-37	창 21:8-21
16	마 5:33-37	마 12:38-45	창 21:22-34
17	마 5:38-42	마 12:46-50	창 22:1-24
18	마 5:43-48	마 13:1-23	행 1:1-5
19	마 6:1-4	마 13:24-30	행 1:6-14
20	마 6:5-18	마 13:31-35	행 1:15-26
21	마 6:19-34	마 13:36-43	행 2:1-13
22	마 7:1-6	마 13:44-52	행 2:14-21
23	마 7:7-14	마 13:53-58	행 2:22-36
24	마 7:15-29	창 12:1-9	행 2:37-42
25	마 8:1-13	창 12:10-20	행 2:43-47
26	마 8:14-22	창 13:1-13	행 3:1-10
27	마 8:23-27	창 13:14-18	행 3:11-16
28	마 8:28-34	창 14:1-16	행 3:17-26
29	마 9:1-8		행 4:1-4
30	마 9:9-13		행 4:5-12
31	마 9:14-17		행 4:13-22

매일의 말씀
프로그램 III

날짜	4월	5월	6월
1	시 115:1-18	시 116:1-19	시 118:1-29
2	행 4:23-31	행 11:19-30	마 20:1-16
3	행 4:32-37	행 12:1-5	마 20:17-28
4	행 5:1-11	행 12:6-19	마 20:29-34
5	행 5:12-16	행 12:20-25	마 21:1-11
6	행 5:17-32	행 13:1-12	마 21:12-17
7	행 5:33-42	행 13:13-23	마 21:18-22
8	행 6:1-7	행 13:24-31	마 21:23-32
9	행 6:8-15	행 13:32-41	마 21:33-46
10	행 7:1-16	행 13:42-52	마 22:1-14
11	행 7:17-29	행 14:1-7	마 22:15-22
12	행 7:30-38	행 14:8-18	마 22:23-33
13	행 7:39-43	행 14:19-28	마 22:34-46
14	행 7:44-53	마 14:1-12	마 23:1-12
15	행 7:54-60	마 14:13-21	마 23:13-26
16	행 8:1-8	마 14:22-36	마 23:27-39
17	행 8:9-13	마 15:1-20	마 24:1-14
18	행 8:14-25	마 15:21-28	마 24:15-31
19	행 8:26-40	마 15:29-39	마 24:32-51
20	행 9:1-9	마 16:1-12	마 25:1-13
21	행 9:10-19	마 16:13-20	마 25:14-30
22	행 9:19-31	마 16:21-28	마 25:31-46
23	행 9:32-43	마 17:1-8	마 26:1-5
24	행 10:1-8	마 17:9-13	마 26:6-16
25	행 10:9-16	마 17:14-20	마 26:17-30
26	행 10:17-23	마 17:22-27	마 26:31-35
27	행 10:23-33	마 18:1-14	마 26:36-46
28	행 10:34-43	마 18:15-20	마 26:47-56
29	행 10:44-48	마 18:21-35	마 26:57-68
30	행 11:1-18	마 19:1-15	마 26:69-75
31		마 19:16-30	

매일의 말씀
프로그램 III

날짜	7월	8월	9월
1	시 121:1-8	시 126:1-6	시 127:1-5
2	마 27:1-10	행 21:1-16	딛 2:1-8
3	마 27:11-26	행 21:17-26	딛 2:9-15
4	마 27:27-31	행 21:27-40	딛 3:1-15
5	마 27:32-44	행 22:1-16	히 1:1-3
6	마 27:45-56	행 22:17-30	히 1:4-14
7	마 27:57-66	행 23:1-11	히 2:1-4
8	마 28:1-10	행 23:12-35	히 2:5-9
9	마 28:11-20	행 24:1-9	히 2:10-18
10	행 15:1-11	행 24:10-23	히 3:1-6
11	행 15:12-21	행 24:24-27	히 3:7-19
12	행 15:22-29	행 25:1-12	히 4:1-13
13	행 15:30-35	행 25:13-27	히 4:14-16
14	행 15:36-41	행 26:1-12	히 5:1-10
15	행 16:1-10	행 26:13-23	히 5:11-14
16	행 16:11-15	행 26:24-32	히 6:1-12
17	행 16:16-34	행 27:1-8	히 6:13-20
18	행 16:35-40	행 27:9-26	히 7:1-10
19	행 17:1-9	행 27:27-44	히 7:11-19
20	행 17:10-15	행 28:1-15	히 7:20-28
21	행 17:16-34	행 28:16-31	히 8:1-13
22	행 18:1-11	단 1:1-21	히 9:1-10
23	행 18:12-23	단 2:1-24	히 9:11-22
24	행 18:24-28	단 2:25-45	히 9:23-28
25	행 19:1-7	단 2:46-49	히 10:1-10
26	행 19:8-20	단 3:1-18	히 10:11-18
27	행 19:21-41	단 3:19-30	히 10:19-25
28	행 20:1-6	단 6:1-15	히 10:26-31
29	행 20:7-16	단 6:16-28	히 10:32-39
30	행 20:17-27	딛 1:1-4	히 11:1-7
31	행 20:28-38	딛 1:5-16	

매일의 말씀
프로그램 III

날짜	10월	11월	12월
1	시 130:1-8	시 139:1-24	시 145:1-21
2	히 11:8-12	엡 6:10-17	고후 3:12-18
3	히 11:13-16	엡 6:18-24	고후 4:1-6
4	히 11:17-31	느 1:1-11	고후 4:7-18
5	히 11:32-40	느 2:1-10	고후 5:1-10
6	히 12:1-3	느 2:11-20	고후 5:11-21
7	히 12:4-13	느 4:1-14	고후 6:1-13
8	히 12:14-17	느 4:15-23	고후 6:14-18
9	히 12:18-24	느 5:1-13	고후 7:1-4
10	히 12:25-29	느 5:14-19	고후 7:5-16
11	히 13:1-13	느 6:1-9	고후 8:1-15
12	히 13:14-19	느 6:10-14	고후 8:16-24
13	히 13:20-25	느 6:15-19	고후 9:1-5
14	엡 1:1-6	느 8:1-12	고후 9:6-15
15	엡 1:7-14	느 8:13-18	고후 10:1-7
16	엡 1:15-19	느 9:1-8	고후 10:8-18
17	엡 1:20-23	느 9:9-17	고후 11:1-15
18	엡 2:1-10	느 9:18-22	고후 11:16-33
19	엡 2:11-18	느 9:23-31	고후 12:1-10
20	엡 2:19-22	느 9:32-38	고후 12:11-21
21	엡 3:1-6	느 12:27-43	고후 13:1-13
22	엡 3:7-13	느 12:44-47	벧전 1:1-12
23	엡 3:14-21	느 13:1-14	벧전 1:13-25
24	엡 4:1-6	느 13:15-22	벧전 2:1-10
25	엡 4:7-16	느 13:23-31	벧전 2:11-17
26	엡 4:17-24	고후 1:1-11	벧전 2:18-25
27	엡 4:25-32	고후 1:12-24	벧전 3:1-7
28	엡 5:1-14	고후 2:1-11	벧전 3:8-22
29	엡 5:15-21	고후 2:12-17	벧전 4:1-11
30	엡 5:22-33	고후 3:1-11	벧전 4:12-19
31	엡 6:1-9		벧전 5:1-14

나의 경건의 일기

내 눈을 열어서 주의 법의 기이한 것을 보게 하소서. (시 119:18)

❊ 기록 기간 ❊

_____년 _____월 _____일부터

_____년 _____월 _____일까지

주여, 주는 대대에 우리의 거처가 되셨나이다.
산이 생기기 전, 땅과 세계도 주께서 조성하시기 전,
곧 영원부터 영원까지 주는 하나님이시니이다. (시 90:1-2)

Devotional Diary

일요일 날짜 _____ 오늘의 말씀 _____
나의 발견(제목) _____
나의 이해 _____
_____
_____

나의 실천 _____
_____
_____

월요일 날짜 _____ 오늘의 말씀 _____
나의 발견(제목) _____
나의 이해 _____
_____
_____

나의 실천 _____
_____
_____

화요일 날짜 _____ 오늘의 말씀 _____
나의 발견(제목) _____
나의 이해 _____
_____
_____

나의 실천 _____
_____
_____
_____

수요일 날짜 _____ 오늘의 말씀 _____

나의 발견(제목) _____

나의 이해 _____
_____
_____

나의 실천 _____
_____
_____

목요일 날짜 _____ 오늘의 말씀 _____

나의 발견(제목) _____

나의 이해 _____
_____
_____

나의 실천 _____
_____
_____

금요일 날짜 _____ 오늘의 말씀 _____

나의 발견(제목) _____

나의 이해 _____
_____
_____

나의 실천 _____
_____
_____

토요일 날짜 _____ 오늘의 말씀 _____

나의 발견(제목) _____

나의 이해 _____
_____
_____

나의 실천 _____
_____
_____

복 있는 사람은 악인의 꾀를 좇지 아니하며
죄인의 길에 서지 아니하며 오만한 자의 자리에 앉지 아니하고,
오직 여호와의 율법을 즐거워하여
그 율법을 주야로 묵상하는 자로다. (시 1:1-2)

2
Devotional Diary

일요일 날짜 _____ 오늘의 말씀 _____
나의 발견(제목) _____
나의 이해 _____
_____
_____

나의 실천 _____
_____
_____

월요일 날짜 _____ 오늘의 말씀 _____
나의 발견(제목) _____
나의 이해 _____
_____
_____

나의 실천 _____
_____
_____

화요일 날짜 _____ 오늘의 말씀 _____
나의 발견(제목) _____
나의 이해 _____
_____
_____

나의 실천 _____
_____
_____

수요일 날짜 _____ 오늘의 말씀 _____
나의 발견(제목) _____
나의 이해 _____
_____
_____
나의 실천 _____
_____
_____

목요일 날짜 _____ 오늘의 말씀 _____
나의 발견(제목) _____
나의 이해 _____
_____
_____
나의 실천 _____
_____
_____

금요일 날짜 _____ 오늘의 말씀 _____
나의 발견(제목) _____
나의 이해 _____
_____
_____
나의 실천 _____
_____
_____

토요일 날짜 _____ 오늘의 말씀 _____
나의 발견(제목) _____
나의 이해 _____
_____
_____
나의 실천 _____
_____
_____

이 율법책을 네 입에서 떠나지 말게 하며
주야로 그것을 묵상하여 그 가운데 기록한 대로 다 지켜 행하라.
그리하면 네 길이 평탄하게 될 것이라.
네가 형통하리라. (수 1:8)

3
Devotional Diary

일요일 날짜 _____ 오늘의 말씀 _____
나의 발견(제목) _____
나의 이해 _____

나의 실천 _____

월요일 날짜 _____ 오늘의 말씀 _____
나의 발견(제목) _____
나의 이해 _____

나의 실천 _____

화요일 날짜 _____ 오늘의 말씀 _____
나의 발견(제목) _____
나의 이해 _____

나의 실천 _____

수요일 날짜 _____ 오늘의 말씀 _____
나의 발견(제목) _____
나의 이해 _____
_____
_____
나의 실천 _____
_____
_____

목요일 날짜 _____ 오늘의 말씀 _____
나의 발견(제목) _____
나의 이해 _____
_____
_____
나의 실천 _____
_____
_____

금요일 날짜 _____ 오늘의 말씀 _____
나의 발견(제목) _____
나의 이해 _____
_____
_____
나의 실천 _____
_____
_____

토요일 날짜 _____ 오늘의 말씀 _____
나의 발견(제목) _____
나의 이해 _____
_____
_____
나의 실천 _____
_____
_____

너희를 불러 그의 아들 예수 그리스도 우리 주로 더불어
교제케 하시는 하나님은 미쁘시도다. (고전 1:9)

4
Devotional
Diary

일요일 날짜 _____ 오늘의 말씀 _____
나의 발견(제목) _____
나의 이해 _____
_____
_____

나의 실천 _____
_____
_____

월요일 날짜 _____ 오늘의 말씀 _____
나의 발견(제목) _____
나의 이해 _____
_____
_____

나의 실천 _____
_____
_____

화요일 날짜 _____ 오늘의 말씀 _____
나의 발견(제목) _____
나의 이해 _____
_____
_____

나의 실천 _____
_____
_____

수요일 날짜 _____ 오늘의 말씀 _____
나의 발견(제목) _____
나의 이해 _____
_____
_____

나의 실천 _____
_____
_____

목요일 날짜 _____ 오늘의 말씀 _____
나의 발견(제목) _____
나의 이해 _____
_____
_____

나의 실천 _____
_____
_____

금요일 날짜 _____ 오늘의 말씀 _____
나의 발견(제목) _____
나의 이해 _____
_____
_____

나의 실천 _____
_____
_____

토요일 날짜 _____ 오늘의 말씀 _____
나의 발견(제목) _____
나의 이해 _____
_____
_____

나의 실천 _____
_____
_____

그러나 여호와께서 기다리시나니
이는 너희에게 은혜를 베풀려 하심이요,
일어나시리니 이는 너희를 긍휼히 여기려 하심이라.
대저 여호와는 공의의 하나님이심이라.
무릇 그를 기다리는 자는 복이 있도다. (사 30:18)

5
Devotional
Diary

일요일 날짜 _____ 오늘의 말씀 _____
나의 발견(제목) _____
나의 이해 _____
_____
_____

나의 실천 _____
_____
_____

월요일 날짜 _____ 오늘의 말씀 _____
나의 발견(제목) _____
나의 이해 _____
_____
_____

나의 실천 _____
_____
_____

화요일 날짜 _____ 오늘의 말씀 _____
나의 발견(제목) _____
나의 이해 _____
_____
_____

나의 실천 _____
_____
_____

수요일 날짜 _____ 오늘의 말씀 _____
나의 발견(제목) _____
나의 이해 _____
_____
_____

나의 실천 _____
_____
_____

목요일 날짜 _____ 오늘의 말씀 _____
나의 발견(제목) _____
나의 이해 _____
_____
_____

나의 실천 _____
_____
_____

금요일 날짜 _____ 오늘의 말씀 _____
나의 발견(제목) _____
나의 이해 _____
_____
_____

나의 실천 _____
_____
_____

토요일 날짜 _____ 오늘의 말씀 _____
나의 발견(제목) _____
나의 이해 _____
_____
_____

나의 실천 _____
_____
_____

너희는 여호와를 만날 만한 때에 찾으라.
가까이 계실 때에 그를 부르라. (사 55:6)

6
Devotional
Diary

일요일 날짜 _____ 오늘의 말씀 _____
나의 발견(제목) _____
나의 이해 _____
_____
_____
나의 실천 _____
_____
_____

월요일 날짜 _____ 오늘의 말씀 _____
나의 발견(제목) _____
나의 이해 _____
_____
_____
나의 실천 _____
_____
_____

화요일 날짜 _____ 오늘의 말씀 _____
나의 발견(제목) _____
나의 이해 _____
_____
_____
나의 실천 _____
_____
_____

수요일 날짜 _____ 오늘의 말씀 _____
나의 발견(제목) _____
나의 이해 _____
_____
_____

나의 실천 _____
_____
_____

목요일 날짜 _____ 오늘의 말씀 _____
나의 발견(제목) _____
나의 이해 _____
_____
_____

나의 실천 _____
_____
_____

금요일 날짜 _____ 오늘의 말씀 _____
나의 발견(제목) _____
나의 이해 _____
_____
_____

나의 실천 _____
_____
_____

토요일 날짜 _____ 오늘의 말씀 _____
나의 발견(제목) _____
나의 이해 _____
_____
_____

나의 실천 _____
_____
_____

"너희는 내 얼굴을 찾으라" 하실 때에 내 마음이 주께 말하되,
"여호와여, 내가 주의 얼굴을 찾으리이다" 하였나이다. (시 27:8)

7 Devotional Diary

일요일 날짜 _____ 오늘의 말씀 _____
나의 발견(제목) _____
나의 이해 _____

나의 실천 _____

월요일 날짜 _____ 오늘의 말씀 _____
나의 발견(제목) _____
나의 이해 _____

나의 실천 _____

화요일 날짜 _____ 오늘의 말씀 _____
나의 발견(제목) _____
나의 이해 _____

나의 실천 _____

수요일 날짜 _____ 오늘의 말씀 _____
나의 발견(제목) _____
나의 이해 _____
_____
_____

나의 실천 _____
_____
_____

목요일 날짜 _____ 오늘의 말씀 _____
나의 발견(제목) _____
나의 이해 _____
_____
_____

나의 실천 _____
_____
_____

금요일 날짜 _____ 오늘의 말씀 _____
나의 발견(제목) _____
나의 이해 _____
_____
_____

나의 실천 _____
_____
_____

토요일 날짜 _____ 오늘의 말씀 _____
나의 발견(제목) _____
나의 이해 _____
_____
_____

나의 실천 _____
_____
_____

나는 포도나무요 너희는 가지니,
저가 내 안에 내가 저 안에 있으면 이 사람은 과실을 많이 맺나니,
나를 떠나서는 너희가 아무것도 할 수 없음이라. (요 15:5)

8
Devotional Diary

일요일 날짜 _____ 오늘의 말씀 _____

나의 발견(제목) _____

나의 이해 _____
_____
_____

나의 실천 _____
_____
_____

월요일 날짜 _____ 오늘의 말씀 _____

나의 발견(제목) _____

나의 이해 _____
_____
_____

나의 실천 _____
_____
_____

화요일 날짜 _____ 오늘의 말씀 _____

나의 발견(제목) _____

나의 이해 _____
_____
_____

나의 실천 _____
_____
_____

수요일 날짜 _____ 오늘의 말씀 _____

나의 발견(제목) _____

나의 이해 _____
_____
_____

나의 실천 _____
_____
_____

목요일 날짜 _____ 오늘의 말씀 _____

나의 발견(제목) _____

나의 이해 _____
_____
_____

나의 실천 _____
_____
_____

금요일 날짜 _____ 오늘의 말씀 _____

나의 발견(제목) _____

나의 이해 _____
_____
_____

나의 실천 _____
_____
_____

토요일 날짜 _____ 오늘의 말씀 _____

나의 발견(제목) _____

나의 이해 _____
_____
_____

나의 실천 _____
_____
_____

젊은 사자는 궁핍하여 주릴지라도
여호와를 찾는 자는 모든 좋은 것에 부족함이 없으리로다.
(시 34:10)

9
*Devotional
Diary*

일요일 날짜 _____ 오늘의 말씀 _____
나의 발견(제목) _____
나의 이해 _____
_____
_____

나의 실천 _____
_____
_____
_____

월요일 날짜 _____ 오늘의 말씀 _____
나의 발견(제목) _____
나의 이해 _____
_____
_____

나의 실천 _____
_____
_____
_____

화요일 날짜 _____ 오늘의 말씀 _____
나의 발견(제목) _____
나의 이해 _____
_____
_____

나의 실천 _____
_____
_____
_____

수요일 날짜 _____ 오늘의 말씀 _____
나의 발견(제목) _____
나의 이해 _____
_____
_____

나의 실천 _____
_____
_____

목요일 날짜 _____ 오늘의 말씀 _____
나의 발견(제목) _____
나의 이해 _____
_____
_____

나의 실천 _____
_____
_____

금요일 날짜 _____ 오늘의 말씀 _____
나의 발견(제목) _____
나의 이해 _____
_____
_____

나의 실천 _____
_____
_____

토요일 날짜 _____ 오늘의 말씀 _____
나의 발견(제목) _____
나의 이해 _____
_____
_____

나의 실천 _____
_____
_____

아침에 나로 주의 인자한 말씀을 듣게 하소서.
내가 주를 의뢰함이니이다. 나의 다닐 길을 알게 하소서.
내가 내 영혼을 주께 받듦이니이다. (시 143:8)

일요일 날짜 _____ 오늘의 말씀 _____

나의 발견(제목) _____

나의 이해 _____

나의 실천 _____

월요일 날짜 _____ 오늘의 말씀 _____

나의 발견(제목) _____

나의 이해 _____

나의 실천 _____

화요일 날짜 _____ 오늘의 말씀 _____

나의 발견(제목) _____

나의 이해 _____

나의 실천 _____

수요일 날짜 _____ 오늘의 말씀 _____
나의 발견(제목) _____
나의 이해 _____
_____
_____
나의 실천 _____
_____
_____

목요일 날짜 _____ 오늘의 말씀 _____
나의 발견(제목) _____
나의 이해 _____
_____
_____
나의 실천 _____
_____
_____

금요일 날짜 _____ 오늘의 말씀 _____
나의 발견(제목) _____
나의 이해 _____
_____
_____
나의 실천 _____
_____
_____

토요일 날짜 _____ 오늘의 말씀 _____
나의 발견(제목) _____
나의 이해 _____
_____
_____
나의 실천 _____
_____
_____

하나님이여, 사슴이 시냇물을 찾기에 갈급함같이
내 영혼이 주를 찾기에 갈급하니이다. (시 42:1)

일요일 날짜 _____ 오늘의 말씀 _____
나의 발견(제목) _____
나의 이해 _____

나의 실천 _____

월요일 날짜 _____ 오늘의 말씀 _____
나의 발견(제목) _____
나의 이해 _____

나의 실천 _____

화요일 날짜 _____ 오늘의 말씀 _____
나의 발견(제목) _____
나의 이해 _____

나의 실천 _____

수요일 날짜 _____ 오늘의 말씀 _____

나의 발견(제목) _____

나의 이해 _____
_____
_____

나의 실천 _____
_____
_____
_____

목요일 날짜 _____ 오늘의 말씀 _____

나의 발견(제목) _____

나의 이해 _____
_____
_____

나의 실천 _____
_____
_____
_____

금요일 날짜 _____ 오늘의 말씀 _____

나의 발견(제목) _____

나의 이해 _____
_____
_____

나의 실천 _____
_____
_____
_____

토요일 날짜 _____ 오늘의 말씀 _____

나의 발견(제목) _____

나의 이해 _____
_____
_____

나의 실천 _____
_____
_____
_____

나 곧 내 영혼이 여호와를 기다리며 내가 그 말씀을 바라는도다.
파수꾼이 아침을 기다림보다 내 영혼이 주를 더 기다리나니,
참으로 파수꾼의 아침을 기다림보다 더하도다. (시 130:5-6)

12
Devotional Diary

일요일 날짜 _____ 오늘의 말씀 _____
나의 발견(제목) _____
나의 이해 _____

나의 실천 _____

월요일 날짜 _____ 오늘의 말씀 _____
나의 발견(제목) _____
나의 이해 _____

나의 실천 _____

화요일 날짜 _____ 오늘의 말씀 _____
나의 발견(제목) _____
나의 이해 _____

나의 실천 _____

수요일 날짜 _____ 오늘의 말씀 _____

나의 발견(제목) _____

나의 이해 _____
_____
_____

나의 실천 _____
_____
_____

목요일 날짜 _____ 오늘의 말씀 _____

나의 발견(제목) _____

나의 이해 _____
_____
_____

나의 실천 _____
_____
_____

금요일 날짜 _____ 오늘의 말씀 _____

나의 발견(제목) _____

나의 이해 _____
_____
_____

나의 실천 _____
_____
_____

토요일 날짜 _____ 오늘의 말씀 _____

나의 발견(제목) _____

나의 이해 _____
_____
_____

나의 실천 _____
_____
_____

내가 새벽 전에 부르짖으며 주의 말씀을 바랐사오며,
주의 말씀을 묵상하려고 내 눈이 야경이 깊기 전에 깨었나이다.
(시 119:147-148)

13
Devotional Diary

일요일 날짜 _____ 오늘의 말씀 _____

나의 발견(제목) _____

나의 이해 _____
_____
_____

나의 실천 _____
_____
_____

월요일 날짜 _____ 오늘의 말씀 _____

나의 발견(제목) _____

나의 이해 _____
_____
_____

나의 실천 _____
_____
_____

화요일 날짜 _____ 오늘의 말씀 _____

나의 발견(제목) _____

나의 이해 _____
_____
_____

나의 실천 _____
_____
_____

수요일 날짜 _____ 오늘의 말씀 _____

나의 발견(제목) _____

나의 이해 _____
_____
_____

나의 실천 _____
_____
_____
_____

목요일 날짜 _____ 오늘의 말씀 _____

나의 발견(제목) _____

나의 이해 _____
_____
_____

나의 실천 _____
_____
_____
_____

금요일 날짜 _____ 오늘의 말씀 _____

나의 발견(제목) _____

나의 이해 _____
_____
_____

나의 실천 _____
_____
_____
_____

토요일 날짜 _____ 오늘의 말씀 _____

나의 발견(제목) _____

나의 이해 _____
_____
_____

나의 실천 _____
_____
_____
_____

여호와여, 아침에 주께서 나의 소리를 들으시리니
아침에 내가 주께 기도하고 바라리이다. (시 5:3)

일요일 날짜 _____ 오늘의 말씀 _____
나의 발견(제목) _____
나의 이해 _____
_____
_____
나의 실천 _____
_____
_____

월요일 날짜 _____ 오늘의 말씀 _____
나의 발견(제목) _____
나의 이해 _____
_____
_____
나의 실천 _____
_____
_____

화요일 날짜 _____ 오늘의 말씀 _____
나의 발견(제목) _____
나의 이해 _____
_____
_____
나의 실천 _____
_____
_____

수요일 날짜 _____ 오늘의 말씀 _____
나의 발견(제목) _____
나의 이해 _____
_____
_____
나의 실천 _____
_____
_____

목요일 날짜 _____ 오늘의 말씀 _____
나의 발견(제목) _____
나의 이해 _____
_____
_____
나의 실천 _____
_____
_____

금요일 날짜 _____ 오늘의 말씀 _____
나의 발견(제목) _____
나의 이해 _____
_____
_____
나의 실천 _____
_____
_____

토요일 날짜 _____ 오늘의 말씀 _____
나의 발견(제목) _____
나의 이해 _____
_____
_____
나의 실천 _____
_____
_____

오라. 우리가 굽혀 경배하며 우리를 지으신 여호와 앞에 무릎을 꿇자.
대저 저는 우리 하나님이시요, 우리는 그의 기르시는 백성이며,
그 손의 양이라. 너희가 오늘날 그 음성 듣기를 원하노라.
(시 95:6-7)

15
Devotional
Diary

일요일 날짜 _____ 오늘의 말씀 _____
나의 발견(제목) _____
나의 이해 _____
_____
_____

나의 실천 _____
_____
_____

월요일 날짜 _____ 오늘의 말씀 _____
나의 발견(제목) _____
나의 이해 _____
_____
_____

나의 실천 _____
_____
_____

화요일 날짜 _____ 오늘의 말씀 _____
나의 발견(제목) _____
나의 이해 _____
_____
_____

나의 실천 _____
_____
_____

수요일 날짜 _____ 오늘의 말씀 _____
나의 발견(제목) _____
나의 이해 _____
_____
_____
나의 실천 _____
_____
_____

목요일 날짜 _____ 오늘의 말씀 _____
나의 발견(제목) _____
나의 이해 _____
_____
_____
나의 실천 _____
_____
_____

금요일 날짜 _____ 오늘의 말씀 _____
나의 발견(제목) _____
나의 이해 _____
_____
_____
나의 실천 _____
_____
_____

토요일 날짜 _____ 오늘의 말씀 _____
나의 발견(제목) _____
나의 이해 _____
_____
_____
나의 실천 _____
_____
_____

아침에 주의 인자로 우리를 만족케 하사
우리 평생에 즐겁고 기쁘게 하소서. (시 90:14)

16
Devotional
Diary

일요일 날짜 _____ 오늘의 말씀 _____
나의 발견(제목) _____
나의 이해 _____
_____
_____

나의 실천 _____
_____
_____

월요일 날짜 _____ 오늘의 말씀 _____
나의 발견(제목) _____
나의 이해 _____
_____
_____

나의 실천 _____
_____
_____

화요일 날짜 _____ 오늘의 말씀 _____
나의 발견(제목) _____
나의 이해 _____
_____
_____

나의 실천 _____
_____
_____

수요일 날짜 _____ 오늘의 말씀 _____
나의 발견(제목) _____
나의 이해 _____
_____
_____

나의 실천 _____
_____
_____

목요일 날짜 _____ 오늘의 말씀 _____
나의 발견(제목) _____
나의 이해 _____
_____
_____

나의 실천 _____
_____
_____

금요일 날짜 _____ 오늘의 말씀 _____
나의 발견(제목) _____
나의 이해 _____
_____
_____

나의 실천 _____
_____
_____

토요일 날짜 _____ 오늘의 말씀 _____
나의 발견(제목) _____
나의 이해 _____
_____
_____

나의 실천 _____
_____
_____

저가 사모하는 영혼을 만족케 하시며,
주린 영혼에게 좋은 것으로 채워 주심이로다. (시 107:9)

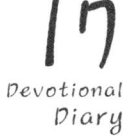

일요일 날짜 _____ 오늘의 말씀 _____

나의 발견(제목) _____

나의 이해 _____

나의 실천 _____

월요일 날짜 _____ 오늘의 말씀 _____

나의 발견(제목) _____

나의 이해 _____

나의 실천 _____

화요일 날짜 _____ 오늘의 말씀 _____

나의 발견(제목) _____

나의 이해 _____

나의 실천 _____

수요일 날짜 _____ 오늘의 말씀 _____
나의 발견(제목) _____
나의 이해 _____
_____
_____

나의 실천 _____
_____
_____

목요일 날짜 _____ 오늘의 말씀 _____
나의 발견(제목) _____
나의 이해 _____
_____
_____

나의 실천 _____
_____
_____

금요일 날짜 _____ 오늘의 말씀 _____
나의 발견(제목) _____
나의 이해 _____
_____
_____

나의 실천 _____
_____
_____

토요일 날짜 _____ 오늘의 말씀 _____
나의 발견(제목) _____
나의 이해 _____
_____
_____

나의 실천 _____
_____
_____

새벽 오히려 미명에 예수께서 일어나 나가
한적한 곳으로 가사 거기서 기도하시더니. (막 1:35)

18
Devotional Diary

일요일 날짜 _____ 오늘의 말씀 _____
나의 발견(제목) _____
나의 이해 _____
_____
_____
나의 실천 _____
_____
_____

월요일 날짜 _____ 오늘의 말씀 _____
나의 발견(제목) _____
나의 이해 _____
_____
_____
나의 실천 _____
_____
_____

화요일 날짜 _____ 오늘의 말씀 _____
나의 발견(제목) _____
나의 이해 _____
_____
_____
나의 실천 _____
_____
_____

수요일 날짜 _____ 오늘의 말씀 _____
나의 발견(제목) _____
나의 이해 _____
_____
_____

나의 실천 _____
_____
_____

목요일 날짜 _____ 오늘의 말씀 _____
나의 발견(제목) _____
나의 이해 _____
_____
_____

나의 실천 _____
_____
_____

금요일 날짜 _____ 오늘의 말씀 _____
나의 발견(제목) _____
나의 이해 _____
_____
_____

나의 실천 _____
_____
_____

토요일 날짜 _____ 오늘의 말씀 _____
나의 발견(제목) _____
나의 이해 _____
_____
_____

나의 실천 _____
_____
_____

사람이 그 친구와 이야기함같이
여호와께서는 모세와 대면하여 말씀하시며,
모세는 진으로 돌아오나 그 수종자 눈의 아들 청년 여호수아는
회막을 떠나지 아니하니라. (출 33:11)

19
Devotional
Diary

일요일 날짜 _____ 오늘의 말씀 _____
나의 발견(제목) _____
나의 이해 _____
_____
_____

나의 실천 _____
_____
_____

월요일 날짜 _____ 오늘의 말씀 _____
나의 발견(제목) _____
나의 이해 _____
_____
_____

나의 실천 _____
_____
_____

화요일 날짜 _____ 오늘의 말씀 _____
나의 발견(제목) _____
나의 이해 _____
_____
_____

나의 실천 _____
_____
_____

수요일   날짜 _____   오늘의 말씀 _____
나의 발견(제목) _____
나의 이해 _____
_____
_____

나의 실천 _____
_____
_____

목요일   날짜 _____   오늘의 말씀 _____
나의 발견(제목) _____
나의 이해 _____
_____
_____

나의 실천 _____
_____
_____

금요일   날짜 _____   오늘의 말씀 _____
나의 발견(제목) _____
나의 이해 _____
_____
_____

나의 실천 _____
_____
_____

토요일   날짜 _____   오늘의 말씀 _____
나의 발견(제목) _____
나의 이해 _____
_____
_____

나의 실천 _____
_____
_____

주의 말씀은 내 발에 등이요,
내 길에 빛이니이다. (시 119:105)

20
Devotional Diary

일요일 날짜 _____ 오늘의 말씀 _____
나의 발견(제목) _____
나의 이해 _____
_____
_____

나의 실천 _____
_____
_____

월요일 날짜 _____ 오늘의 말씀 _____
나의 발견(제목) _____
나의 이해 _____
_____
_____

나의 실천 _____
_____
_____

화요일 날짜 _____ 오늘의 말씀 _____
나의 발견(제목) _____
나의 이해 _____
_____
_____

나의 실천 _____
_____
_____

수요일 날짜 _____ 오늘의 말씀 _____
나의 발견(제목) _____
나의 이해 _____
_____
_____
나의 실천 _____
_____
_____

목요일 날짜 _____ 오늘의 말씀 _____
나의 발견(제목) _____
나의 이해 _____
_____
_____
나의 실천 _____
_____
_____

금요일 날짜 _____ 오늘의 말씀 _____
나의 발견(제목) _____
나의 이해 _____
_____
_____
나의 실천 _____
_____
_____

토요일 날짜 _____ 오늘의 말씀 _____
나의 발견(제목) _____
나의 이해 _____
_____
_____
나의 실천 _____
_____
_____

그것이 너의 다닐 때에 너를 인도하며,
너의 잘 때에 너를 보호하며,
너의 깰 때에 너로 더불어 말하리니,
대저 명령은 등불이요, 법은 빛이요,
훈계의 책망은 곧 생명의 길이라. (잠 6:22-23)

21
Devotional Diary

일요일 날짜 _____ 오늘의 말씀 _____
나의 발견(제목) _____
나의 이해 _____
_____
_____
나의 실천 _____
_____
_____

월요일 날짜 _____ 오늘의 말씀 _____
나의 발견(제목) _____
나의 이해 _____
_____
_____
나의 실천 _____
_____
_____

화요일 날짜 _____ 오늘의 말씀 _____
나의 발견(제목) _____
나의 이해 _____
_____
_____
나의 실천 _____
_____
_____

수요일 날짜 _____ 오늘의 말씀 _____
나의 발견(제목) _____
나의 이해 _____
_____
_____

나의 실천 _____
_____
_____

목요일 날짜 _____ 오늘의 말씀 _____
나의 발견(제목) _____
나의 이해 _____
_____
_____

나의 실천 _____
_____
_____

금요일 날짜 _____ 오늘의 말씀 _____
나의 발견(제목) _____
나의 이해 _____
_____
_____

나의 실천 _____
_____
_____

토요일 날짜 _____ 오늘의 말씀 _____
나의 발견(제목) _____
나의 이해 _____
_____
_____

나의 실천 _____
_____
_____

만군의 하나님 여호와시여,
나는 주의 이름으로 일컬음을 받는 자라.
내가 주의 말씀을 얻어먹었사오니
주의 말씀은 내게 기쁨과 내 마음의 즐거움이오나. (렘 15:16)

22
Devotional Diary

일요일 날짜 _____ 오늘의 말씀 _____
나의 발견(제목) _____
나의 이해 _____
_____
_____
나의 실천 _____
_____
_____

월요일 날짜 _____ 오늘의 말씀 _____
나의 발견(제목) _____
나의 이해 _____
_____
_____
나의 실천 _____
_____
_____

화요일 날짜 _____ 오늘의 말씀 _____
나의 발견(제목) _____
나의 이해 _____
_____
_____
나의 실천 _____
_____
_____

수요일 날짜 _____ 오늘의 말씀 _____
나의 발견(제목) _____
나의 이해 _____
_____
_____
나의 실천 _____
_____
_____

목요일 날짜 _____ 오늘의 말씀 _____
나의 발견(제목) _____
나의 이해 _____
_____
_____
나의 실천 _____
_____
_____

금요일 날짜 _____ 오늘의 말씀 _____
나의 발견(제목) _____
나의 이해 _____
_____
_____
나의 실천 _____
_____
_____

토요일 날짜 _____ 오늘의 말씀 _____
나의 발견(제목) _____
나의 이해 _____
_____
_____
나의 실천 _____
_____
_____

주의 증거로 내가 영원히 기업을 삼았사오니
이는 내 마음의 즐거움이 됨이니이다. (시 119:111)

23
Devotional Diary

일요일 날짜 _____ 오늘의 말씀 _____
나의 발견(제목) _____
나의 이해 _____
_____
_____

나의 실천 _____
_____
_____

월요일 날짜 _____ 오늘의 말씀 _____
나의 발견(제목) _____
나의 이해 _____
_____
_____

나의 실천 _____
_____
_____

화요일 날짜 _____ 오늘의 말씀 _____
나의 발견(제목) _____
나의 이해 _____
_____
_____

나의 실천 _____
_____
_____

수요일 날짜 _____ 오늘의 말씀 _____

나의 발견(제목) _____

나의 이해 _____
_____
_____

나의 실천 _____
_____
_____

목요일 날짜 _____ 오늘의 말씀 _____

나의 발견(제목) _____

나의 이해 _____
_____
_____

나의 실천 _____
_____
_____

금요일 날짜 _____ 오늘의 말씀 _____

나의 발견(제목) _____

나의 이해 _____
_____
_____

나의 실천 _____
_____
_____

토요일 날짜 _____ 오늘의 말씀 _____

나의 발견(제목) _____

나의 이해 _____
_____
_____

나의 실천 _____
_____
_____

내가 주의 법을 어찌 그리 사랑하는지요.
내가 그것을 종일 묵상하나이다. (시 119:97)

일요일 날짜 _____ 오늘의 말씀 _____
나의 발견(제목) _____
나의 이해 _____
_____
_____

나의 실천 _____
_____
_____

월요일 날짜 _____ 오늘의 말씀 _____
나의 발견(제목) _____
나의 이해 _____
_____
_____

나의 실천 _____
_____
_____

화요일 날짜 _____ 오늘의 말씀 _____
나의 발견(제목) _____
나의 이해 _____
_____
_____

나의 실천 _____
_____
_____

수요일 날짜 _____ 오늘의 말씀 _____
나의 발견(제목) _____
나의 이해 _____

나의 실천 _____

목요일 날짜 _____ 오늘의 말씀 _____
나의 발견(제목) _____
나의 이해 _____

나의 실천 _____

금요일 날짜 _____ 오늘의 말씀 _____
나의 발견(제목) _____
나의 이해 _____

나의 실천 _____

토요일 날짜 _____ 오늘의 말씀 _____
나의 발견(제목) _____
나의 이해 _____

나의 실천 _____

내가 그의 입술의 명령을 어기지 아니하고
일정한 음식보다 그 입의 말씀을 귀히 여겼구나. (욥 23:12)

25
Devotional
Diary

일요일 날짜 _____ 오늘의 말씀 _____
나의 발견(제목) _____
나의 이해 _____
_____
_____

나의 실천 _____
_____
_____

월요일 날짜 _____ 오늘의 말씀 _____
나의 발견(제목) _____
나의 이해 _____
_____
_____

나의 실천 _____
_____
_____

화요일 날짜 _____ 오늘의 말씀 _____
나의 발견(제목) _____
나의 이해 _____
_____
_____

나의 실천 _____
_____
_____

수요일 날짜 _____ 오늘의 말씀 _____

나의 발견(제목) _____

나의 이해 _____
_____
_____

나의 실천 _____
_____
_____

목요일 날짜 _____ 오늘의 말씀 _____

나의 발견(제목) _____

나의 이해 _____
_____
_____

나의 실천 _____
_____
_____

금요일 날짜 _____ 오늘의 말씀 _____

나의 발견(제목) _____

나의 이해 _____
_____
_____

나의 실천 _____
_____
_____

토요일 날짜 _____ 오늘의 말씀 _____

나의 발견(제목) _____

나의 이해 _____
_____
_____

나의 실천 _____
_____
_____

내 아들아, 내 말을 지키며 내 명령을 네게 간직하라.
내 명령을 지켜서 살며, 내 법을 네 눈동자처럼 지키라.
이것을 네 손가락에 매며, 이것을 네 마음 판에 새기라. (잠 7:1-3)

26
Devotional Diary

일요일 날짜 _____ 오늘의 말씀 _____
나의 발견(제목) _____
나의 이해 _____

나의 실천 _____

월요일 날짜 _____ 오늘의 말씀 _____
나의 발견(제목) _____
나의 이해 _____

나의 실천 _____

화요일 날짜 _____ 오늘의 말씀 _____
나의 발견(제목) _____
나의 이해 _____

나의 실천 _____

수요일 날짜 _____ 오늘의 말씀 _____
나의 발견(제목) _____
나의 이해 _____
_____
_____

나의 실천 _____
_____
_____

목요일 날짜 _____ 오늘의 말씀 _____
나의 발견(제목) _____
나의 이해 _____
_____
_____

나의 실천 _____
_____
_____

금요일 날짜 _____ 오늘의 말씀 _____
나의 발견(제목) _____
나의 이해 _____
_____
_____

나의 실천 _____
_____
_____

토요일 날짜 _____ 오늘의 말씀 _____
나의 발견(제목) _____
나의 이해 _____
_____
_____

나의 실천 _____
_____
_____

예수의 소문이 더욱 퍼지매 허다한 무리가 말씀도 듣고
자기 병도 나음을 얻고자 하여 모여 오되,
예수는 물러가사 한적한 곳에서 기도하시니라. (눅 5:15-16)

27
Devotional
Diary

일요일 날짜 _____ 오늘의 말씀 _____

나의 발견(제목) _____

나의 이해 _____
_____
_____

나의 실천 _____
_____
_____

월요일 날짜 _____ 오늘의 말씀 _____

나의 발견(제목) _____

나의 이해 _____
_____
_____

나의 실천 _____
_____
_____

화요일 날짜 _____ 오늘의 말씀 _____

나의 발견(제목) _____

나의 이해 _____
_____
_____

나의 실천 _____
_____
_____

수요일 날짜 _____ 오늘의 말씀 _____

나의 발견(제목) _____

나의 이해 _____
_____
_____

나의 실천 _____
_____
_____

목요일 날짜 _____ 오늘의 말씀 _____

나의 발견(제목) _____

나의 이해 _____
_____
_____

나의 실천 _____
_____
_____

금요일 날짜 _____ 오늘의 말씀 _____

나의 발견(제목) _____

나의 이해 _____
_____
_____

나의 실천 _____
_____
_____

토요일 날짜 _____ 오늘의 말씀 _____

나의 발견(제목) _____

나의 이해 _____
_____
_____

나의 실천 _____
_____
_____

지존자의 은밀한 곳에 거하는 자는
전능하신 자의 그늘 아래 거하리로다.
내가 여호와를 가리켜 말하기를,
"저는 나의 피난처요, 나의 요새요, 나의 의뢰하는 하나님이라"
하리니. (시 91:1-2)

28
Devotional
Diary

일요일 날짜 _____ 오늘의 말씀 _____
나의 발견(제목)
나의 이해

나의 실천

월요일 날짜 _____ 오늘의 말씀 _____
나의 발견(제목)
나의 이해

나의 실천

화요일 날짜 _____ 오늘의 말씀 _____
나의 발견(제목)
나의 이해

나의 실천

수요일 날짜 _____ 오늘의 말씀 _____

나의 발견(제목) _____

나의 이해 _____

_____

_____

나의 실천 _____

_____

_____

목요일 날짜 _____ 오늘의 말씀 _____

나의 발견(제목) _____

나의 이해 _____

_____

_____

나의 실천 _____

_____

_____

금요일 날짜 _____ 오늘의 말씀 _____

나의 발견(제목) _____

나의 이해 _____

_____

_____

나의 실천 _____

_____

_____

토요일 날짜 _____ 오늘의 말씀 _____

나의 발견(제목) _____

나의 이해 _____

_____

_____

나의 실천 _____

_____

_____

너의 하나님 여호와가 너의 가운데 계시니
그는 구원을 베푸실 전능자시라.
그가 너로 인하여 기쁨을 이기지 못하여 하시며,
너를 잠잠히 사랑하시며, 너로 인하여 즐거이 부르며
기뻐하시리라. (습 3:17)

29
Devotional Diary

일요일 날짜 _____ 오늘의 말씀 _____
나의 발견(제목) _____
나의 이해 _____
_____
_____

나의 실천 _____
_____
_____

월요일 날짜 _____ 오늘의 말씀 _____
나의 발견(제목) _____
나의 이해 _____
_____
_____

나의 실천 _____
_____
_____

화요일 날짜 _____ 오늘의 말씀 _____
나의 발견(제목) _____
나의 이해 _____
_____
_____

나의 실천 _____
_____
_____

수요일 날짜 _____ 오늘의 말씀 _____

나의 발견(제목) _____

나의 이해 _____
_____
_____

나의 실천 _____
_____
_____

목요일 날짜 _____ 오늘의 말씀 _____

나의 발견(제목) _____

나의 이해 _____
_____
_____

나의 실천 _____
_____
_____

금요일 날짜 _____ 오늘의 말씀 _____

나의 발견(제목) _____

나의 이해 _____
_____
_____

나의 실천 _____
_____
_____

토요일 날짜 _____ 오늘의 말씀 _____

나의 발견(제목) _____

나의 이해 _____
_____
_____

나의 실천 _____
_____
_____
_____

여호와는 네게 복을 주시고 너를 지키시기를 원하며,
여호와는 그 얼굴로 네게 비취사 은혜 베푸시기를 원하며,
여호와는 그 얼굴을 네게로 향하여 드사 평강 주시기를 원하노라.
(민 6:24-26)

30
Devotional Diary

일요일 날짜 _____ 오늘의 말씀 _____
나의 발견(제목) _____
나의 이해 _____
_____
_____
나의 실천 _____
_____
_____

월요일 날짜 _____ 오늘의 말씀 _____
나의 발견(제목) _____
나의 이해 _____
_____
_____
나의 실천 _____
_____
_____

화요일 날짜 _____ 오늘의 말씀 _____
나의 발견(제목) _____
나의 이해 _____
_____
_____
나의 실천 _____
_____
_____

수요일 날짜 _____ 오늘의 말씀 _____
나의 발견(제목) _____
나의 이해 _____
_____
_____

나의 실천 _____
_____
_____

목요일 날짜 _____ 오늘의 말씀 _____
나의 발견(제목) _____
나의 이해 _____
_____
_____

나의 실천 _____
_____
_____

금요일 날짜 _____ 오늘의 말씀 _____
나의 발견(제목) _____
나의 이해 _____
_____
_____

나의 실천 _____
_____
_____

토요일 날짜 _____ 오늘의 말씀 _____
나의 발견(제목) _____
나의 이해 _____
_____
_____

나의 실천 _____
_____
_____

> "나의 하나님이여, 내가 주의 뜻 행하기를 즐기오니 주의 법이 나의 심중에 있나이다" 하였나이다. (시 40:8)

31
Devotional Diary

일요일 날짜 _____ 오늘의 말씀 _____
나의 발견(제목) _____
나의 이해 _____
_____
_____

나의 실천 _____
_____
_____
_____

월요일 날짜 _____ 오늘의 말씀 _____
나의 발견(제목) _____
나의 이해 _____
_____
_____

나의 실천 _____
_____
_____
_____

화요일 날짜 _____ 오늘의 말씀 _____
나의 발견(제목) _____
나의 이해 _____
_____
_____

나의 실천 _____
_____
_____
_____

수요일 날짜 _____ 오늘의 말씀 _____

나의 발견(제목) _____

나의 이해 _____
_____
_____

나의 실천 _____
_____
_____

목요일 날짜 _____ 오늘의 말씀 _____

나의 발견(제목) _____

나의 이해 _____
_____
_____

나의 실천 _____
_____
_____

금요일 날짜 _____ 오늘의 말씀 _____

나의 발견(제목) _____

나의 이해 _____
_____
_____

나의 실천 _____
_____
_____

토요일 날짜 _____ 오늘의 말씀 _____

나의 발견(제목) _____

나의 이해 _____
_____
_____

나의 실천 _____
_____
_____

주 여호와께서 학자의 혀를 내게 주사
나로 곤핍한 자를 말로 어떻게 도와줄 줄을 알게 하시고,
아침마다 깨우치시되 나의 귀를 깨우치사
학자같이 알아듣게 하시도다. (사 50:4)

32
Devotional Diary

일요일 날짜 _____ 오늘의 말씀 _____
나의 발견(제목) _____
나의 이해 _____

나의 실천 _____

월요일 날짜 _____ 오늘의 말씀 _____
나의 발견(제목) _____
나의 이해 _____

나의 실천 _____

화요일 날짜 _____ 오늘의 말씀 _____
나의 발견(제목) _____
나의 이해 _____

나의 실천 _____

수요일 날짜 _____ 오늘의 말씀 _____

나의 발견(제목) _____

나의 이해 _____

나의 실천 _____

목요일 날짜 _____ 오늘의 말씀 _____

나의 발견(제목) _____

나의 이해 _____

나의 실천 _____

금요일 날짜 _____ 오늘의 말씀 _____

나의 발견(제목) _____

나의 이해 _____

나의 실천 _____

토요일 날짜 _____ 오늘의 말씀 _____

나의 발견(제목) _____

나의 이해 _____

나의 실천 _____

주의 손이 나를 만들고 세우셨사오니
나로 깨닫게 하사 주의 계명을 배우게 하소서. (시 119:73)

33
Devotional
Diary

일요일 날짜 _____ 오늘의 말씀 _____
나의 발견(제목) _____
나의 이해 _____

나의 실천 _____

월요일 날짜 _____ 오늘의 말씀 _____
나의 발견(제목) _____
나의 이해 _____

나의 실천 _____

화요일 날짜 _____ 오늘의 말씀 _____
나의 발견(제목) _____
나의 이해 _____

나의 실천 _____

수요일 날짜 _____ 오늘의 말씀 _____
나의 발견(제목) _____
나의 이해 _____
_____
_____

나의 실천 _____
_____
_____

목요일 날짜 _____ 오늘의 말씀 _____
나의 발견(제목) _____
나의 이해 _____
_____
_____

나의 실천 _____
_____
_____

금요일 날짜 _____ 오늘의 말씀 _____
나의 발견(제목) _____
나의 이해 _____
_____
_____

나의 실천 _____
_____
_____

토요일 날짜 _____ 오늘의 말씀 _____
나의 발견(제목) _____
나의 이해 _____
_____
_____

나의 실천 _____
_____
_____

이는 만물이 주에게서 나오고 주로 말미암고 주에게로 돌아감이라.
영광이 그에게 세세에 있으리로다. 아멘. (롬 11:36)

34
Devotional Diary

일요일 날짜 _____ 오늘의 말씀 _____

나의 발견(제목) _____

나의 이해 _____

_____

_____

나의 실천 _____

_____

_____

월요일 날짜 _____ 오늘의 말씀 _____

나의 발견(제목) _____

나의 이해 _____

_____

_____

나의 실천 _____

_____

_____

화요일 날짜 _____ 오늘의 말씀 _____

나의 발견(제목) _____

나의 이해 _____

_____

_____

나의 실천 _____

_____

_____

수요일 날짜 _____ 오늘의 말씀 _____
나의 발견(제목) _____
나의 이해 _____
_____
_____

나의 실천 _____
_____
_____

목요일 날짜 _____ 오늘의 말씀 _____
나의 발견(제목) _____
나의 이해 _____
_____
_____

나의 실천 _____
_____
_____

금요일 날짜 _____ 오늘의 말씀 _____
나의 발견(제목) _____
나의 이해 _____
_____
_____

나의 실천 _____
_____
_____

토요일 날짜 _____ 오늘의 말씀 _____
나의 발견(제목) _____
나의 이해 _____
_____
_____

나의 실천 _____
_____
_____

우리가 알거니와 하나님을 사랑하는 자
곧 그 뜻대로 부르심을 입은 자들에게는
모든 것이 합력하여 선을 이루느니라. (롬 8:28)

35
Devotional Diary

일요일 날짜 _____ 오늘의 말씀 _____

나의 발견(제목) _____

나의 이해 _____
_____
_____

나의 실천 _____
_____
_____

월요일 날짜 _____ 오늘의 말씀 _____

나의 발견(제목) _____

나의 이해 _____
_____
_____

나의 실천 _____
_____
_____

화요일 날짜 _____ 오늘의 말씀 _____

나의 발견(제목) _____

나의 이해 _____
_____
_____

나의 실천 _____
_____
_____

수요일 날짜 _____ 오늘의 말씀 _____
나의 발견(제목) _____
나의 이해 _____
_____
_____
나의 실천 _____
_____
_____

목요일 날짜 _____ 오늘의 말씀 _____
나의 발견(제목) _____
나의 이해 _____
_____
_____
나의 실천 _____
_____
_____

금요일 날짜 _____ 오늘의 말씀 _____
나의 발견(제목) _____
나의 이해 _____
_____
_____
나의 실천 _____
_____
_____

토요일 날짜 _____ 오늘의 말씀 _____
나의 발견(제목) _____
나의 이해 _____
_____
_____
나의 실천 _____
_____
_____

내가 여호와로 인하여 크게 기뻐하며
내 영혼이 나의 하나님으로 인하여 즐거워하리니,
이는 그가 구원의 옷으로 내게 입히시며
의의 겉옷으로 내게 더하심이
신랑이 사모를 쓰며 신부가 자기 보물로 단장함 같게 하셨음이라.
(사 61:10)

36
Devotional Diary

일요일 날짜 _____ 오늘의 말씀 _____
나의 발견(제목) _____
나의 이해 _____
_____
_____

나의 실천 _____
_____
_____

월요일 날짜 _____ 오늘의 말씀 _____
나의 발견(제목) _____
나의 이해 _____
_____
_____

나의 실천 _____
_____
_____

화요일 날짜 _____ 오늘의 말씀 _____
나의 발견(제목) _____
나의 이해 _____
_____
_____

나의 실천 _____
_____
_____

수요일 날짜 _____ 오늘의 말씀 _____

나의 발견(제목) _____

나의 이해 _____
_____
_____

나의 실천 _____
_____
_____
_____

목요일 날짜 _____ 오늘의 말씀 _____

나의 발견(제목) _____

나의 이해 _____
_____
_____

나의 실천 _____
_____
_____
_____

금요일 날짜 _____ 오늘의 말씀 _____

나의 발견(제목) _____

나의 이해 _____
_____
_____

나의 실천 _____
_____
_____
_____

토요일 날짜 _____ 오늘의 말씀 _____

나의 발견(제목) _____

나의 이해 _____
_____
_____

나의 실천 _____
_____
_____
_____

나 여호와가 옛적에 이스라엘에게 나타나 이르기를,
"내가 무궁한 사랑으로 너를 사랑하는 고로
인자함으로 너를 인도하였다" 하였노라. (렘 31:3)

37
Devotional Diary

일요일 날짜 _____ 오늘의 말씀 _____

나의 발견(제목) _____

나의 이해 _____

나의 실천 _____

월요일 날짜 _____ 오늘의 말씀 _____

나의 발견(제목) _____

나의 이해 _____

나의 실천 _____

화요일 날짜 _____ 오늘의 말씀 _____

나의 발견(제목) _____

나의 이해 _____

나의 실천 _____

수요일   날짜 _____   오늘의 말씀 _____

나의 발견(제목) _____

나의 이해 _____
_____
_____

나의 실천 _____
_____
_____

목요일   날짜 _____   오늘의 말씀 _____

나의 발견(제목) _____

나의 이해 _____
_____
_____

나의 실천 _____
_____
_____

금요일   날짜 _____   오늘의 말씀 _____

나의 발견(제목) _____

나의 이해 _____
_____
_____

나의 실천 _____
_____
_____

토요일   날짜 _____   오늘의 말씀 _____

나의 발견(제목) _____

나의 이해 _____
_____
_____

나의 실천 _____
_____
_____

주께서 택하시고 가까이 오게 하사
주의 뜰에 거하게 하신 사람은 복이 있나이다.
우리가 주의 집 곧 주의 성전의 아름다움으로 만족하리이다.
(시 65:4)

38
Devotional
Diary

일요일 날짜 _____ 오늘의 말씀 _____

나의 발견(제목) _____

나의 이해 _____
_____
_____

나의 실천 _____
_____
_____

월요일 날짜 _____ 오늘의 말씀 _____

나의 발견(제목) _____

나의 이해 _____
_____
_____

나의 실천 _____
_____
_____

화요일 날짜 _____ 오늘의 말씀 _____

나의 발견(제목) _____

나의 이해 _____
_____
_____

나의 실천 _____
_____
_____

수요일

날짜 _____ **오늘의 말씀** _____

나의 발견(제목) _____

나의 이해 _____
_____
_____

나의 실천 _____
_____
_____

목요일

날짜 _____ **오늘의 말씀** _____

나의 발견(제목) _____

나의 이해 _____
_____
_____

나의 실천 _____
_____
_____

금요일

날짜 _____ **오늘의 말씀** _____

나의 발견(제목) _____

나의 이해 _____
_____
_____

나의 실천 _____
_____
_____

토요일

날짜 _____ **오늘의 말씀** _____

나의 발견(제목) _____

나의 이해 _____
_____
_____

나의 실천 _____
_____
_____

하나님이여, 주의 인자하심이 어찌 그리 보배로우신지요.
인생이 주의 날개 그늘 아래 피하나이다.
저희가 주의 집의 살찐 것으로 풍족할 것이라.
주께서 주의 복락의 강수로 마시우시리이다. (시 36:7-8)

39
Devotional Diary

일요일 날짜 _____ 오늘의 말씀 _____
나의 발견(제목) _____
나의 이해 _____

나의 실천 _____

월요일 날짜 _____ 오늘의 말씀 _____
나의 발견(제목) _____
나의 이해 _____

나의 실천 _____

화요일 날짜 _____ 오늘의 말씀 _____
나의 발견(제목) _____
나의 이해 _____

나의 실천 _____

수요일 날짜 _____ 오늘의 말씀 _____

나의 발견(제목) _____

나의 이해 _____
_____
_____

나의 실천 _____
_____
_____

목요일 날짜 _____ 오늘의 말씀 _____

나의 발견(제목) _____

나의 이해 _____
_____
_____

나의 실천 _____
_____
_____

금요일 날짜 _____ 오늘의 말씀 _____

나의 발견(제목) _____

나의 이해 _____
_____
_____

나의 실천 _____
_____
_____

토요일 날짜 _____ 오늘의 말씀 _____

나의 발견(제목) _____

나의 이해 _____
_____
_____

나의 실천 _____
_____
_____

내가 여호와께 청하였던 한 가지 일 곧 그것을 구하리니,
곧 나로 내 생전에 여호와의 집에 거하여
여호와의 아름다움을 앙망하며 그 전에서 사모하게 하실 것이라.
(시 27:4)

일요일 날짜 _____ 오늘의 말씀 _____

나의 발견(제목) _____

나의 이해 _____

나의 실천 _____

월요일 날짜 _____ 오늘의 말씀 _____

나의 발견(제목) _____

나의 이해 _____

나의 실천 _____

화요일 날짜 _____ 오늘의 말씀 _____

나의 발견(제목) _____

나의 이해 _____

나의 실천 _____

수요일 날짜 _____ 오늘의 말씀 _____

나의 발견(제목) _____

나의 이해 _____
_____
_____

나의 실천 _____
_____
_____

목요일 날짜 _____ 오늘의 말씀 _____

나의 발견(제목) _____

나의 이해 _____
_____
_____

나의 실천 _____
_____
_____

금요일 날짜 _____ 오늘의 말씀 _____

나의 발견(제목) _____

나의 이해 _____
_____
_____

나의 실천 _____
_____
_____

토요일 날짜 _____ 오늘의 말씀 _____

나의 발견(제목) _____

나의 이해 _____
_____
_____

나의 실천 _____
_____
_____

감사로 제사를 드리는 자가 나를 영화롭게 하나니,
그 행위를 옳게 하는 자에게 내가 하나님의 구원을 보이리라.
(시 50:23)

일요일 날짜 _____ 오늘의 말씀 _____
나의 발견(제목) _____
나의 이해 _____
_____
_____
나의 실천 _____
_____
_____

월요일 날짜 _____ 오늘의 말씀 _____
나의 발견(제목) _____
나의 이해 _____
_____
_____
나의 실천 _____
_____
_____

화요일 날짜 _____ 오늘의 말씀 _____
나의 발견(제목) _____
나의 이해 _____
_____
_____
나의 실천 _____
_____
_____

수요일　날짜 _____　오늘의 말씀 _____
나의 발견(제목) _____
나의 이해 _____
_____
_____

나의 실천 _____
_____
_____

목요일　날짜 _____　오늘의 말씀 _____
나의 발견(제목) _____
나의 이해 _____
_____
_____

나의 실천 _____
_____
_____

금요일　날짜 _____　오늘의 말씀 _____
나의 발견(제목) _____
나의 이해 _____
_____
_____

나의 실천 _____
_____
_____

토요일　날짜 _____　오늘의 말씀 _____
나의 발견(제목) _____
나의 이해 _____
_____
_____

나의 실천 _____
_____
_____

이르시기를, "너희는 가만히 있어 내가 하나님 됨을 알지어다.
내가 열방과 세계 중에서 높임을 받으리라" 하시도다. (시 46:10)

일요일 날짜 _____ 오늘의 말씀 _____
나의 발견(제목) _____
나의 이해 _____
_____
_____

나의 실천 _____
_____
_____

월요일 날짜 _____ 오늘의 말씀 _____
나의 발견(제목) _____
나의 이해 _____
_____
_____

나의 실천 _____
_____
_____

화요일 날짜 _____ 오늘의 말씀 _____
나의 발견(제목) _____
나의 이해 _____
_____
_____

나의 실천 _____
_____
_____

수요일 날짜 _____ 오늘의 말씀 _____

나의 발견(제목) _____

나의 이해 _____
_____
_____

나의 실천 _____
_____
_____
_____

목요일 날짜 _____ 오늘의 말씀 _____

나의 발견(제목) _____

나의 이해 _____
_____
_____

나의 실천 _____
_____
_____
_____

금요일 날짜 _____ 오늘의 말씀 _____

나의 발견(제목) _____

나의 이해 _____
_____
_____

나의 실천 _____
_____
_____
_____

토요일 날짜 _____ 오늘의 말씀 _____

나의 발견(제목) _____

나의 이해 _____
_____
_____

나의 실천 _____
_____
_____
_____

오직 여호와를 앙망하는 자는 새 힘을 얻으리니
독수리의 날개 치며 올라감 같을 것이요,
달음박질하여도 곤비치 아니하겠고, 걸어가도 피곤치 아니하리로다.
(사 40:31)

43
Devotional
Diary

일요일 날짜 _____ 오늘의 말씀 _____

나의 발견(제목) _____

나의 이해 _____

나의 실천 _____

월요일 날짜 _____ 오늘의 말씀 _____

나의 발견(제목) _____

나의 이해 _____

나의 실천 _____

화요일 날짜 _____ 오늘의 말씀 _____

나의 발견(제목) _____

나의 이해 _____

나의 실천 _____

수요일 날짜 _____ 오늘의 말씀 _____
나의 발견(제목) _____
나의 이해 _____
_____
_____
나의 실천 _____
_____
_____

목요일 날짜 _____ 오늘의 말씀 _____
나의 발견(제목) _____
나의 이해 _____
_____
_____
나의 실천 _____
_____
_____

금요일 날짜 _____ 오늘의 말씀 _____
나의 발견(제목) _____
나의 이해 _____
_____
_____
나의 실천 _____
_____
_____

토요일 날짜 _____ 오늘의 말씀 _____
나의 발견(제목) _____
나의 이해 _____
_____
_____
나의 실천 _____
_____
_____

아버지께 참으로 예배하는 자들은
신령과 진정으로 예배할 때가 오나니 곧 이때라.
아버지께서는 이렇게 자기에게 예배하는 자들을 찾으시느니라.
(요 4:23)

일요일 날짜 _____ 오늘의 말씀 _____
나의 발견(제목) _____
나의 이해 _____
_____
_____

나의 실천 _____
_____
_____

월요일 날짜 _____ 오늘의 말씀 _____
나의 발견(제목) _____
나의 이해 _____
_____
_____

나의 실천 _____
_____
_____

화요일 날짜 _____ 오늘의 말씀 _____
나의 발견(제목) _____
나의 이해 _____
_____
_____

나의 실천 _____
_____
_____

수요일 날짜 _____ 오늘의 말씀 _____
나의 발견(제목) _____
나의 이해 _____
_____
_____
나의 실천 _____
_____
_____

목요일 날짜 _____ 오늘의 말씀 _____
나의 발견(제목) _____
나의 이해 _____
_____
_____
나의 실천 _____
_____
_____

금요일 날짜 _____ 오늘의 말씀 _____
나의 발견(제목) _____
나의 이해 _____
_____
_____
나의 실천 _____
_____
_____

토요일 날짜 _____ 오늘의 말씀 _____
나의 발견(제목) _____
나의 이해 _____
_____
_____
나의 실천 _____
_____
_____

할렐루야, 내 영혼아, 여호와를 찬양하라.
나의 생전에 여호와를 찬양하며
나의 평생에 내 하나님을 찬송하리로다. (시 146:1-2)

45
Devotional Diary

일요일 날짜 _____ 오늘의 말씀 _____
나의 발견(제목) _____
나의 이해 _____
_____
_____
나의 실천 _____
_____
_____

월요일 날짜 _____ 오늘의 말씀 _____
나의 발견(제목) _____
나의 이해 _____
_____
_____
나의 실천 _____
_____
_____

화요일 날짜 _____ 오늘의 말씀 _____
나의 발견(제목) _____
나의 이해 _____
_____
_____
나의 실천 _____
_____
_____

수요일 날짜 _____ 오늘의 말씀 _____
나의 발견(제목) _____
나의 이해 _____
_____
_____
_____

나의 실천 _____
_____
_____
_____

목요일 날짜 _____ 오늘의 말씀 _____
나의 발견(제목) _____
나의 이해 _____
_____
_____
_____

나의 실천 _____
_____
_____
_____

금요일 날짜 _____ 오늘의 말씀 _____
나의 발견(제목) _____
나의 이해 _____
_____
_____
_____

나의 실천 _____
_____
_____
_____

토요일 날짜 _____ 오늘의 말씀 _____
나의 발견(제목) _____
나의 이해 _____
_____
_____
_____

나의 실천 _____
_____
_____
_____

여호와의 자비와 긍휼이 무궁하시므로
우리가 진멸되지 아니함이니이다.
이것이 아침마다 새로우니 주의 성실이 크도소이다. (애 3:22-23)

일요일 날짜 _____ 오늘의 말씀 _____
나의 발견(제목) _____
나의 이해 _____
_____
_____

나의 실천 _____
_____
_____

월요일 날짜 _____ 오늘의 말씀 _____
나의 발견(제목) _____
나의 이해 _____
_____
_____

나의 실천 _____
_____
_____

화요일 날짜 _____ 오늘의 말씀 _____
나의 발견(제목) _____
나의 이해 _____
_____
_____

나의 실천 _____
_____
_____

수요일 날짜 _____ 오늘의 말씀 _____

나의 발견(제목) _____

나의 이해 _____
_____
_____

나의 실천 _____
_____
_____

목요일 날짜 _____ 오늘의 말씀 _____

나의 발견(제목) _____

나의 이해 _____
_____
_____

나의 실천 _____
_____
_____

금요일 날짜 _____ 오늘의 말씀 _____

나의 발견(제목) _____

나의 이해 _____
_____
_____

나의 실천 _____
_____
_____

토요일 날짜 _____ 오늘의 말씀 _____

나의 발견(제목) _____

나의 이해 _____
_____
_____

나의 실천 _____
_____
_____

하나님이여, 주는 나의 하나님이시라.
내가 간절히 주를 찾되 물이 없어 마르고 곤핍한 땅에서
내 영혼이 주를 갈망하며 내 육체가 주를 앙모하나이다. (시 63:1)

47
Devotional
Diary

일요일 날짜 _____ 오늘의 말씀 _____
나의 발견(제목) _____
나의 이해 _____

나의 실천 _____

월요일 날짜 _____ 오늘의 말씀 _____
나의 발견(제목) _____
나의 이해 _____

나의 실천 _____

화요일 날짜 _____ 오늘의 말씀 _____
나의 발견(제목) _____
나의 이해 _____

나의 실천 _____

수요일 날짜 _____ 오늘의 말씀 _____
나의 발견(제목) _____
나의 이해 _____
_____
_____
나의 실천 _____
_____
_____

목요일 날짜 _____ 오늘의 말씀 _____
나의 발견(제목) _____
나의 이해 _____
_____
_____
나의 실천 _____
_____
_____

금요일 날짜 _____ 오늘의 말씀 _____
나의 발견(제목) _____
나의 이해 _____
_____
_____
나의 실천 _____
_____
_____

토요일 날짜 _____ 오늘의 말씀 _____
나의 발견(제목) _____
나의 이해 _____
_____
_____
나의 실천 _____
_____
_____

주의 법을 사랑하는 자에게는 큰 평안이 있으니
저희에게 장애물이 없으리이다. (시 119:165)

48
Devotional
Diary

일요일 날짜 _____ 오늘의 말씀 _____
나의 발견(제목)
나의 이해

나의 실천

월요일 날짜 _____ 오늘의 말씀 _____
나의 발견(제목)
나의 이해

나의 실천

화요일 날짜 _____ 오늘의 말씀 _____
나의 발견(제목)
나의 이해

나의 실천

수요일 날짜 _____ 오늘의 말씀 _____

나의 발견(제목) _____

나의 이해 _____
_____
_____

나의 실천 _____
_____
_____

목요일 날짜 _____ 오늘의 말씀 _____

나의 발견(제목) _____

나의 이해 _____
_____
_____

나의 실천 _____
_____
_____

금요일 날짜 _____ 오늘의 말씀 _____

나의 발견(제목) _____

나의 이해 _____
_____
_____

나의 실천 _____
_____
_____

토요일 날짜 _____ 오늘의 말씀 _____

나의 발견(제목) _____

나의 이해 _____
_____
_____

나의 실천 _____
_____
_____

나의 반석이시요 나의 구속자이신 여호와여,
내 입의 말과 마음의 묵상이 주의 앞에 열납되기를 원하나이다.
(시 19:14)

일요일 날짜 _____ 오늘의 말씀 _____
나의 발견(제목) _____
나의 이해 _____

나의 실천 _____

월요일 날짜 _____ 오늘의 말씀 _____
나의 발견(제목) _____
나의 이해 _____

나의 실천 _____

화요일 날짜 _____ 오늘의 말씀 _____
나의 발견(제목) _____
나의 이해 _____

나의 실천 _____

수요일 날짜 _____ 오늘의 말씀 _____
나의 발견(제목) _____
나의 이해 _____
_____
_____

나의 실천 _____
_____
_____

목요일 날짜 _____ 오늘의 말씀 _____
나의 발견(제목) _____
나의 이해 _____
_____
_____

나의 실천 _____
_____
_____

금요일 날짜 _____ 오늘의 말씀 _____
나의 발견(제목) _____
나의 이해 _____
_____
_____

나의 실천 _____
_____
_____

토요일 날짜 _____ 오늘의 말씀 _____
나의 발견(제목) _____
나의 이해 _____
_____
_____

나의 실천 _____
_____
_____

여호와의 눈은 온 땅을 두루 감찰하사
전심으로 자기에게 향하는 자를 위하여 능력을 베푸시나니.
(대하 16:9상)

50
Devotional
Diary

일요일 날짜 _____ 오늘의 말씀 _____
나의 발견(제목) _____
나의 이해 _____
_____
_____

나의 실천 _____
_____
_____

월요일 날짜 _____ 오늘의 말씀 _____
나의 발견(제목) _____
나의 이해 _____
_____
_____

나의 실천 _____
_____
_____

화요일 날짜 _____ 오늘의 말씀 _____
나의 발견(제목) _____
나의 이해 _____
_____
_____

나의 실천 _____
_____
_____

수요일 날짜 _____ 오늘의 말씀 _____
나의 발견(제목) _____
나의 이해 _____
_____
_____
나의 실천 _____
_____
_____

목요일 날짜 _____ 오늘의 말씀 _____
나의 발견(제목) _____
나의 이해 _____
_____
_____
나의 실천 _____
_____
_____

금요일 날짜 _____ 오늘의 말씀 _____
나의 발견(제목) _____
나의 이해 _____
_____
_____
나의 실천 _____
_____
_____

토요일 날짜 _____ 오늘의 말씀 _____
나의 발견(제목) _____
나의 이해 _____
_____
_____
나의 실천 _____
_____
_____

예수께서 대답하여 가라사대,
"기록되었으되, 사람이 떡으로만 살 것이 아니요
하나님의 입으로 나오는 모든 말씀으로 살 것이라 하였느니라"
하시니. (마 4:4)

51
Devotional
Diary

일요일 날짜 _____ 오늘의 말씀 _____

나의 발견(제목) _____

나의 이해 _____
_____
_____

나의 실천 _____
_____
_____

월요일 날짜 _____ 오늘의 말씀 _____

나의 발견(제목) _____

나의 이해 _____
_____
_____

나의 실천 _____
_____
_____

화요일 날짜 _____ 오늘의 말씀 _____

나의 발견(제목) _____

나의 이해 _____
_____
_____

나의 실천 _____
_____
_____

수요일 날짜 _____ 오늘의 말씀 _____
나의 발견(제목) _____
나의 이해 _____
_____
_____

나의 실천 _____
_____
_____

목요일 날짜 _____ 오늘의 말씀 _____
나의 발견(제목) _____
나의 이해 _____
_____
_____

나의 실천 _____
_____
_____

금요일 날짜 _____ 오늘의 말씀 _____
나의 발견(제목) _____
나의 이해 _____
_____
_____

나의 실천 _____
_____
_____

토요일 날짜 _____ 오늘의 말씀 _____
나의 발견(제목) _____
나의 이해 _____
_____
_____

나의 실천 _____
_____
_____
_____

내가 너의 갈 길을 가르쳐 보이고
너를 주목하여 훈계하리로다. (시 32:8)

52
Devotional Diary

일요일 날짜 _____ 오늘의 말씀 _____
나의 발견(제목) _____
나의 이해 _____
_____
_____

나의 실천 _____
_____
_____

월요일 날짜 _____ 오늘의 말씀 _____
나의 발견(제목) _____
나의 이해 _____
_____
_____

나의 실천 _____
_____
_____

화요일 날짜 _____ 오늘의 말씀 _____
나의 발견(제목) _____
나의 이해 _____
_____
_____

나의 실천 _____
_____
_____

수요일 날짜 _____ 오늘의 말씀 _____

나의 발견(제목) _____

나의 이해 _____
_____
_____

나의 실천 _____
_____
_____

목요일 날짜 _____ 오늘의 말씀 _____

나의 발견(제목) _____

나의 이해 _____
_____
_____

나의 실천 _____
_____
_____

금요일 날짜 _____ 오늘의 말씀 _____

나의 발견(제목) _____

나의 이해 _____
_____
_____

나의 실천 _____
_____
_____

토요일 날짜 _____ 오늘의 말씀 _____

나의 발견(제목) _____

나의 이해 _____
_____
_____

나의 실천 _____
_____
_____

여호와여, 주의 율례의 도를 내게 가르치소서.
내가 끝까지 지키리이다. 나로 깨닫게 하소서.
내가 주의 법을 준행하며 전심으로 지키리이다.
(시 119:33-34)

53
Devotional
Diary

일요일 날짜 _____ 오늘의 말씀 _____
나의 발견(제목) _____
나의 이해 _____
_____
_____

나의 실천 _____
_____
_____

월요일 날짜 _____ 오늘의 말씀 _____
나의 발견(제목) _____
나의 이해 _____
_____
_____

나의 실천 _____
_____
_____

화요일 날짜 _____ 오늘의 말씀 _____
나의 발견(제목) _____
나의 이해 _____
_____
_____

나의 실천 _____
_____
_____

수요일 날짜 _____ 오늘의 말씀 _____

나의 발견(제목) _____

나의 이해 _____
_____
_____

나의 실천 _____
_____
_____

목요일 날짜 _____ 오늘의 말씀 _____

나의 발견(제목) _____

나의 이해 _____
_____
_____

나의 실천 _____
_____
_____

금요일 날짜 _____ 오늘의 말씀 _____

나의 발견(제목) _____

나의 이해 _____
_____
_____

나의 실천 _____
_____
_____

토요일 날짜 _____ 오늘의 말씀 _____

나의 발견(제목) _____

나의 이해 _____
_____
_____

나의 실천 _____
_____
_____

매일의 말씀
프로그램 A

날짜	1월	2월	3월
1	시 1:1-6	시 2:1-12	시 5:1-12
2	요 1:1-18	요 8:12-20	롬 1:1-7
3	요 1:19-28	요 8:21-30	롬 1:8-17
4	요 1:29-34	요 8:31-38	롬 1:18-23
5	요 1:35-42	요 8:39-47	롬 1:24-32
6	요 1:43-51	요 8:48-59	롬 2:1-11
7	요 2:1-12	요 9:1-12	롬 2:12-16
8	요 2:13-25	요 9:13-23	롬 2:17-29
9	요 3:1-15	요 9:24-34	롬 3:1-8
10	요 3:16-21	요 9:35-41	롬 3:9-18
11	요 3:22-30	요 10:1-6	롬 3:19-31
12	요 3:31-36	요 10:7-21	롬 4:1-8
13	요 4:1-26	요 10:22-42	롬 4:9-15
14	요 4:27-42	요 11:1-16	롬 4:16-25
15	요 4:43-54	요 11:17-27	롬 5:1-4
16	요 5:1-9	요 11:28-44	롬 5:5-11
17	요 5:9-18	요 11:45-57	롬 5:12-21
18	요 5:19-29	요 12:1-11	롬 6:1-14
19	요 5:30-47	요 12:12-19	롬 6:15-23
20	요 6:1-15	요 12:20-36	롬 7:1-13
21	요 6:16-21	요 12:36-43	롬 7:14-25
22	요 6:22-27	요 12:44-50	롬 8:1-11
23	요 6:28-40	욘 1:1-17	롬 8:12-17
24	요 6:41-51	욘 2:1-10	롬 8:18-25
25	요 6:52-59	욘 3:1-10	롬 8:26-30
26	요 6:60-71	욘 4:1-11	롬 8:31-39
27	요 7:1-9	시 3:1-8	요 13:1-11
28	요 7:10-24	시 4:1-8	요 13:12-20
29	요 7:25-36		요 13:21-30
30	요 7:37-53		요 13:31-38
31	요 8:1-11		요 14:1-11

매일의 말씀
프로그램 A

날짜	4월	5월	6월
1	시 6:1-10	시 7:1-17	시 8:1-9
2	요 14:12-24	롬 10:1-8	엡 4:17-24
3	요 14:25-31	롬 10:9-15	엡 4:25-32
4	요 15:1-16	롬 10:16-21	엡 5:1-7
5	요 15:17-27	롬 11:1-12	엡 5:8-14
6	요 16:1-14	롬 11:13-24	엡 5:15-21
7	요 16:15-24	롬 11:25-36	엡 5:22-33
8	요 16:25-33	롬 12:1-2	엡 6:1-9
9	요 17:1-13	롬 12:3-13	엡 6:10-17
10	요 17:14-26	롬 12:14-21	엡 6:18-24
11	요 18:1-14	롬 13:1-7	시 9:1-20
12	요 18:15-27	롬 13:8-14	시 11:1-7
13	요 18:28-40	롬 14:1-12	시 12:1-8
14	요 19:1-16	롬 14:13-23	사 40:1-11
15	요 19:17-30	롬 15:1-6	사 40:12-17
16	요 19:31-42	롬 15:7-13	사 40:18-26
17	요 20:1-18	롬 15:14-21	사 40:27-31
18	요 20:19-31	롬 15:22-33	사 41:1-7
19	요 21:1-14	롬 16:1-16	사 41:8-16
20	요 21:15-25	롬 16:17-20	사 41:17-20
21	룻 1:1-14	롬 16:21-27	사 41:21-29
22	룻 1:15-22	엡 1:1-6	사 42:1-9
23	룻 2:1-13	엡 1:7-14	사 42:10-17
24	룻 2:14-23	엡 1:15-23	사 42:18-25
25	룻 3:1-18	엡 2:1-10	사 43:1-7
26	룻 4:1-12	엡 2:11-22	사 43:8-13
27	룻 4:13-22	엡 3:1-7	사 43:14-21
28	롬 9:1-13	엡 3:8-13	사 43:22-28
29	롬 9:14-29	엡 3:14-21	사 44:1-8
30	롬 9:30-33	엡 4:1-6	사 44:9-20
31		엡 4:7-16	

매일의 말씀
프로그램 A

날짜	7월	8월	9월
1	시 13:1-6	시 14:1-7	시 15:1-5
2	사 44:21-28	사 58:1-9	요일 4:1-6
3	사 45:1-8	사 58:9-14	요일 4:7-11
4	사 45:9-13	사 59:1-8	요일 4:12-21
5	사 45:14-19	사 59:9-15	요일 5:1-12
6	사 45:20-25	사 59:15-21	요일 5:13-17
7	사 46:1-7	사 60:1-9	요일 5:18-21
8	사 46:8-13	사 60:10-22	시 119:1-16
9	사 47:1-15	사 61:1-11	시 119:17-32
10	사 48:1-11	사 62:1-5	시 119:33-48
11	사 48:12-22	사 62:6-12	시 119:49-64
12	사 49:1-7	사 63:1-14	시 119:65-80
13	사 49:8-13	사 63:15-19	시 119:81-96
14	사 49:14-21	사 64:1-7	시 119:97-112
15	사 49:22-26	사 64:8-12	시 119:113-128
16	사 50:1-11	사 65:1-7	시 119:129-144
17	사 51:1-8	사 65:8-16	시 119:145-160
18	사 51:9-16	사 65:17-25	시 119:161-176
19	사 51:17-23	사 66:1-6	빌 1:1-11
20	사 52:1-12	사 66:7-14	빌 1:12-26
21	사 52:13-15	사 66:15-24	빌 1:27-30
22	사 53:1-6	요일 1:1-4	빌 2:1-11
23	사 53:7-12	요일 1:5-10	빌 2:12-18
24	사 54:1-3	요일 2:1-6	빌 2:19-30
25	사 54:4-10	요일 2:7-11	빌 3:1-16
26	사 54:11-17	요일 2:12-17	빌 3:17-21
27	사 55:1-5	요일 2:18-29	빌 4:1-9
28	사 55:6-13	요일 3:1-3	빌 4:10-23
29	사 56:1-12	요일 3:4-12	고전 1:1-9
30	사 57:1-13	요일 3:13-19	고전 1:10-17
31	사 57:14-21	요일 3:20-24	

매일의 말씀
프로그램 A

날짜	10월	11월	12월
1	시 16:1-11	시 17:1-15	시 19:1-14
2	고전 1:18-25	고전 14:26-33	골 2:1-5
3	고전 1:26-31	고전 14:34-40	골 2:6-15
4	고전 2:1-5	고전 15:1-11	골 2:16-23
5	고전 2:6-16	고전 15:12-19	골 3:1-11
6	고전 3:1-9	고전 15:20-28	골 3:12-17
7	고전 3:10-15	고전 15:29-34	골 3:18-25
8	고전 3:16-23	고전 15:35-49	골 4:1-6
9	고전 4:1-5	고전 15:50-58	골 4:7-18
10	고전 4:6-13	고전 16:1-12	딛 1:1-4
11	고전 4:14-21	고전 16:13-24	딛 1:5-9
12	고전 5:1-13	시 18:1-19	딛 1:10-16
13	고전 6:1-11	시 18:20-29	딛 2:1-8
14	고전 6:12-20	시 18:30-42	딛 2:9-15
15	고전 7:1-7	시 18:43-50	딛 3:1-15
16	고전 7:8-24	에 1:1-22	살전 1:1-10
17	고전 7:25-40	에 2:1-18	살전 2:1-12
18	고전 8:1-13	에 2:19-23	살전 2:13-20
19	고전 9:1-18	에 3:1-15	살전 3:1-13
20	고전 9:19-23	에 4:1-17	살전 4:1-12
21	고전 9:24-27	에 5:1-14	살전 4:13-18
22	고전 10:1-13	에 6:1-14	살전 5:1-11
23	고전 10:14-22	에 7:1-10	살전 5:12-28
24	고전 10:23-33	에 8:1-17	계 21:1-8
25	고전 11:1-16	에 9:1-19	계 21:9-27
26	고전 11:17-34	에 9:20-10:3	계 22:1-5
27	고전 12:1-11	골 1:1-8	계 22:6-15
28	고전 12:12-31	골 1:9-14	계 22:16-21
29	고전 13:1-13	골 1:15-23	시 20:1-9
30	고전 14:1-19	골 1:24-29	시 23:1-6
31	고전 14:20-25		시 24:1-10

매일의 말씀
프로그램 B

날짜	1월	2월	3월
1	시 25:1-22	시 27:1-14	시 30:1-12
2	마 1:1-17	마 9:14-17	잠 1:1-6
3	마 1:18-25	마 9:18-26	잠 1:7-19
4	마 2:1-12	마 9:27-34	잠 1:20-33
5	마 2:13-18	마 9:35-38	잠 2:1-15
6	마 2:19-23	마 10:1-15	잠 2:16-22
7	마 3:1-12	마 10:16-23	잠 3:1-10
8	마 3:13-17	마 10:24-33	잠 3:11-18
9	마 4:1-11	마 10:34-42	잠 3:19-26
10	마 4:12-17	마 11:1-11	잠 3:27-35
11	마 4:18-25	마 11:12-19	잠 4:1-9
12	마 5:1-12	마 11:20-24	잠 4:10-19
13	마 5:13-20	마 11:25-30	잠 4:20-27
14	마 5:21-26	마 12:1-8	잠 5:1-6
15	마 5:27-32	마 12:9-21	잠 5:7-14
16	마 5:33-37	마 12:22-37	잠 5:15-23
17	마 5:38-42	마 12:38-45	잠 6:1-11
18	마 5:43-48	마 12:46-50	잠 6:12-19
19	마 6:1-4	마 13:1-23	잠 6:20-35
20	마 6:5-18	마 13:24-30	잠 7:1-5
21	마 6:19-24	마 13:31-35	잠 7:6-27
22	마 6:25-34	마 13:36-43	잠 8:1-9
23	마 7:1-6	마 13:44-52	잠 8:10-21
24	마 7:7-14	마 13:53-58	잠 8:22-31
25	마 7:15-29	마 14:1-12	잠 8:32-36
26	마 8:1-13	마 14:13-21	잠 9:1-12
27	마 8:14-22	마 14:22-36	잠 9:13-18
28	마 8:23-27	시 28:1-9	잠 10:1-8
29	마 8:28-34		잠 10:9-16
30	마 9:1-8		잠 10:17-24
31	마 9:9-13		잠 10:25-32

매일의 말씀
프로그램 B

날짜	4월	5월	6월
1	시 32:1-11	시 33:1-22	시 34:1-22
2	잠 11:1-6	마 19:1-15	마 27:1-10
3	잠 11:7-12	마 19:16-30	마 27:11-26
4	잠 11:13-19	마 20:1-16	마 27:27-31
5	잠 11:20-25	마 20:17-28	마 27:32-44
6	잠 11:26-31	마 20:29-34	마 27:45-56
7	잠 12:1-7	마 21:1-11	마 27:57-66
8	잠 12:8-14	마 21:12-17	마 28:1-10
9	잠 12:15-21	마 21:18-22	마 28:11-20
10	잠 12:22-28	마 21:23-32	잠 15:1-7
11	잠 13:1-8	마 21:33-46	잠 15:8-14
12	잠 13:9-16	마 22:1-14	잠 15:15-21
13	잠 13:17-25	마 22:15-22	잠 15:22-27
14	잠 14:1-7	마 22:23-33	잠 15:28-33
15	잠 14:8-14	마 22:34-46	잠 16:1-7
16	잠 14:15-21	마 23:1-12	잠 16:8-14
17	잠 14:22-28	마 23:13-26	잠 16:15-20
18	잠 14:29-35	마 23:27-39	잠 16:21-26
19	마 15:1-20	마 24:1-14	잠 16:27-33
20	마 15:21-28	마 24:15-31	잠 17:1-7
21	마 15:29-39	마 24:32-51	잠 17:8-14
22	마 16:1-12	마 25:1-13	잠 17:15-21
23	마 16:13-20	마 25:14-30	잠 17:22-28
24	마 16:21-28	마 25:31-46	잠 18:1-8
25	마 17:1-13	마 26:1-16	잠 18:9-16
26	마 17:14-20	마 26:17-30	잠 18:17-24
27	마 17:22-27	마 26:31-35	잠 19:1-7
28	마 18:1-14	마 26:36-46	잠 19:8-15
29	마 18:15-20	마 26:47-56	잠 19:16-22
30	마 18:21-35	마 26:57-68	잠 19:23-29
31		마 26:69-75	

매일의 말씀
프로그램 B

날짜	7월	8월	9월
1	시 36:1-12	시 37:1-21	시 42:1-11
2	잠 20:1-7	시 37:22-40	행 3:17-26
3	잠 20:8-15	잠 27:1-7	행 4:1-12
4	잠 20:16-23	잠 27:8-14	행 4:13-22
5	잠 20:24-30	잠 27:15-22	행 4:23-31
6	잠 21:1-8	잠 27:23-27	행 4:32-37
7	잠 21:9-15	잠 28:1-7	행 5:1-11
8	잠 21:16-23	잠 28:8-14	행 5:12-16
9	잠 21:24-31	잠 28:15-21	행 5:17-32
10	잠 22:1-8	잠 28:22-28	행 5:33-42
11	잠 22:9-15	잠 29:1-7	행 6:1-7
12	잠 22:16-21	잠 29:8-14	행 6:8-15
13	잠 22:22-29	잠 29:15-21	행 7:1-16
14	잠 23:1-8	잠 29:22-27	행 7:17-29
15	잠 23:9-14	잠 30:1-6	행 7:30-43
16	잠 23:15-21	잠 30:7-14	행 7:44-53
17	잠 23:22-28	잠 30:15-23	행 7:54-60
18	잠 23:29-35	잠 30:24-33	행 8:1-13
19	잠 24:1-7	잠 31:1-9	행 8:14-25
20	잠 24:8-14	잠 31:10-31	행 8:26-40
21	잠 24:15-22	시 39:1-13	행 9:1-9
22	잠 24:23-29	시 40:1-17	행 9:10-19
23	잠 24:30-34	행 1:1-11	행 9:19-25
24	잠 25:1-7	행 1:12-26	행 9:26-31
25	잠 25:8-14	행 2:1-13	행 9:32-43
26	잠 25:15-22	행 2:14-21	행 10:1-8
27	잠 25:23-28	행 2:22-36	행 10:9-23
28	잠 26:1-7	행 2:37-42	행 10:23-33
29	잠 26:8-14	행 2:43-47	행 10:34-48
30	잠 26:15-21	행 3:1-10	행 11:1-18
31	잠 26:22-28	행 3:11-16	

매일의 말씀
프로그램 B

날짜	10월	11월	12월
1	시 43:1-5	시 44:1-26	시 46:1-11
2	행 11:19-30	딤전 4:12-16	행 18:1-11
3	행 12:1-19	딤전 5:1-16	행 18:12-23
4	행 12:20-25	딤전 5:17-25	행 18:24-28
5	행 13:1-12	딤전 6:1-10	행 19:1-20
6	행 13:13-23	딤전 6:11-21	행 19:21-41
7	행 13:24-31	딤후 1:1-8	행 20:1-6
8	행 13:32-43	딤후 1:9-14	행 20:7-16
9	행 13:44-52	딤후 1:15-18	행 20:17-27
10	행 14:1-7	딤후 2:1-7	행 20:28-38
11	행 14:8-18	딤후 2:8-13	행 21:1-16
12	행 14:19-28	딤후 2:14-21	행 21:17-26
13	약 1:1-4	딤후 2:22-26	행 21:27-40
14	약 1:5-11	딤후 3:1-9	행 22:1-16
15	약 1:12-18	딤후 3:10-17	행 22:17-30
16	약 1:19-27	딤후 4:1-8	행 23:1-11
17	약 2:1-13	딤후 4:9-22	행 23:12-35
18	약 2:14-26	행 15:1-5	행 24:1-9
19	약 3:1-12	행 15:6-21	행 24:10-23
20	약 3:13-18	행 15:22-35	행 24:24-27
21	약 4:1-10	행 15:36-41	행 25:1-12
22	약 4:11-17	행 16:1-5	행 25:13-27
23	약 5:1-12	행 16:6-10	행 26:1-23
24	약 5:13-20	행 16:11-15	행 26:24-32
25	딤전 1:1-11	행 16:16-34	행 27:1-26
26	딤전 1:12-20	행 16:35-40	행 27:27-44
27	딤전 2:1-7	행 17:1-9	행 28:1-15
28	딤전 2:8-15	행 17:10-15	행 28:16-31
29	딤전 3:1-7	행 17:16-21	시 47:1-9
30	딤전 3:8-16	행 17:22-34	시 48:1-14
31	딤전 4:1-11		시 49:1-20

매일의 말씀
프로그램 C

날짜	1월	2월	3월
1	시 50:1-23	시 51:1-19	시 52:1-9
2	눅 1:1-7	눅 7:11-17	눅 11:29-36
3	눅 1:8-25	눅 7:18-23	눅 11:37-44
4	눅 1:26-38	눅 7:24-35	눅 11:45-54
5	눅 1:39-56	눅 7:36-50	눅 12:1-7
6	눅 1:57-66	눅 8:1-3	눅 12:8-12
7	눅 1:67-80	눅 8:4-15	눅 12:13-21
8	눅 2:1-7	눅 8:16-21	눅 12:22-34
9	눅 2:8-21	눅 8:22-25	눅 12:35-40
10	눅 2:22-40	눅 8:26-39	눅 12:41-48
11	눅 2:41-52	눅 8:40-48	눅 12:49-59
12	눅 3:1-6	눅 8:49-56	히 1:1-14
13	눅 3:7-14	눅 9:1-9	히 2:1-4
14	눅 3:15-20	눅 9:10-17	히 2:5-9
15	눅 3:21-38	눅 9:18-27	히 2:10-18
16	눅 4:1-13	눅 9:28-36	히 3:1-6
17	눅 4:14-30	눅 9:37-43	히 3:7-19
18	눅 4:31-37	눅 9:43-48	히 4:1-13
19	눅 4:38-44	눅 9:49-56	히 4:14-16
20	눅 5:1-11	눅 9:57-62	히 5:1-10
21	눅 5:12-16	눅 10:1-16	히 5:11-14
22	눅 5:17-26	눅 10:17-20	히 6:1-12
23	눅 5:27-32	눅 10:21-24	히 6:13-20
24	눅 5:33-39	눅 10:25-37	히 7:1-10
25	눅 6:1-11	눅 10:38-42	히 7:11-22
26	눅 6:12-19	눅 11:1-4	히 7:23-28
27	눅 6:20-26	눅 11:5-13	히 8:1-13
28	눅 6:27-38	눅 11:14-28	히 9:1-10
29	눅 6:39-45		히 9:11-22
30	눅 6:46-49		히 9:23-28
31	눅 7:1-10		히 10:1-10

매일의 말씀
프로그램 C

날짜	4월	5월	6월
1	시 56:1-13	시 57:1-11	시 61:1-8
2	히 10:11-18	눅 17:1-4	눅 23:26-38
3	히 10:19-31	눅 17:5-10	눅 23:39-43
4	히 10:32-39	눅 17:11-19	눅 23:44-56
5	히 11:1-6	눅 17:20-37	눅 24:1-12
6	히 11:7-12	눅 18:1-8	눅 24:13-35
7	히 11:13-16	눅 18:9-14	눅 24:36-43
8	히 11:17-31	눅 18:15-30	눅 24:44-53
9	히 11:32-40	눅 18:31-43	고후 1:1-11
10	히 12:1-3	눅 19:1-10	고후 1:12-24
11	히 12:4-13	눅 19:11-27	고후 2:1-11
12	히 12:14-17	눅 19:28-44	고후 2:12-17
13	히 12:18-29	눅 19:45-48	고후 3:1-11
14	히 13:1-6	눅 20:1-8	고후 3:12-18
15	히 13:7-13	눅 20:9-18	고후 4:1-6
16	히 13:14-19	눅 20:19-26	고후 4:7-18
17	히 13:20-25	눅 20:27-40	고후 5:1-10
18	눅 13:1-9	눅 20:41-47	고후 5:11-17
19	눅 13:10-21	눅 21:1-4	고후 5:18-21
20	눅 13:22-30	눅 21:5-19	고후 6:1-13
21	눅 13:31-35	눅 21:20-28	고후 6:14-18
22	눅 14:1-6	눅 21:29-38	고후 7:1-4
23	눅 14:7-14	눅 22:1-6	고후 7:5-16
24	눅 14:15-24	눅 22:7-23	고후 8:1-15
25	눅 14:25-35	눅 22:24-38	고후 8:16-24
26	눅 15:1-10	눅 22:39-46	고후 9:1-9
27	눅 15:11-32	눅 22:47-53	고후 9:10-15
28	눅 16:1-13	눅 22:54-62	고후 10:1-7
29	눅 16:14-18	눅 22:63-71	고후 10:8-18
30	눅 16:19-31	눅 23:1-12	고후 11:1-15
31		눅 23:13-25	

매일의 말씀
프로그램 C

날짜	7월	8월	9월
1	시 62:1-12	시 63:1-11	시 65:1-13
2	고후 11:16-33	삼상 17:28-40	벧전 2:11-17
3	고후 12:1-10	삼상 17:41-58	벧전 2:18-25
4	고후 12:11-21	삼상 18:1-5	벧전 3:1-7
5	고후 13:1-13	삼상 18:6-16	벧전 3:8-12
6	삼상 1:1-18	삼상 18:17-30	벧전 3:13-17
7	삼상 1:19-28	삼상 19:1-24	벧전 3:18-22
8	삼상 2:1-11	삼상 20:1-11	벧전 4:1-6
9	삼상 2:12-26	삼상 20:12-23	벧전 4:7-11
10	삼상 2:27-36	삼상 20:24-42	벧전 4:12-19
11	삼상 3:1-21	삼상 21:1-9	벧전 5:1-6
12	삼상 4:1-22	삼상 21:10-15	벧전 5:7-14
13	삼상 5:1-12	삼상 22:1-5	벧후 1:1-11
14	삼상 6:1-21	삼상 22:6-23	벧후 1:12-21
15	삼상 7:1-17	삼상 23:1-14	벧후 2:1-11
16	삼상 8:1-22	삼상 23:15-29	벧후 2:12-22
17	삼상 9:1-27	삼상 24:1-22	벧후 3:1-7
18	삼상 10:1-16	삼상 25:1-22	벧후 3:8-13
19	삼상 10:17-27	삼상 25:23-35	벧후 3:14-18
20	삼상 11:1-15	삼상 25:36-44	삼하 1:1-16
21	삼상 12:1-5	삼상 26:1-25	삼하 1:17-27
22	삼상 12:6-18	삼상 27:1-12	삼하 2:1-11
23	삼상 12:19-25	삼상 28:1-25	삼하 2:12-32
24	삼상 13:1-23	삼상 29:1-11	삼하 3:1-21
25	삼상 14:1-23	삼상 30:1-20	삼하 3:22-39
26	삼상 14:24-52	삼상 30:21-30	삼하 4:1-12
27	삼상 15:1-16	삼상 31:1-13	삼하 5:1-12
28	삼상 15:17-23	벧전 1:1-12	삼하 5:13-25
29	삼상 15:24-35	벧전 1:13-17	삼하 6:1-11
30	삼상 16:1-23	벧전 1:18-25	삼하 6:12-23
31	삼상 17:1-27	벧전 2:1-10	

매일의 말씀
프로그램 C

날짜	10월	11월	12월
1	시 66:1-20	시 70:1-5	시 78:1-11
2	삼하 7:1-17	삼하 22:44-51	시 78:12-22
3	삼하 7:18-29	삼하 23:1-7	시 78:23-35
4	삼하 8:1-18	삼하 23:8-39	시 78:36-42
5	삼하 9:1-13	삼하 24:1-25	시 78:43-55
6	삼하 10:1-19	갈 1:1-10	시 78:56-72
7	삼하 11:1-13	갈 1:11-24	스 6:1-12
8	삼하 11:14-27	갈 2:1-10	스 6:13-22
9	삼하 12:1-15	갈 2:11-21	스 7:1-10
10	삼하 12:15-31	갈 3:1-14	스 7:11-28
11	삼하 13:1-22	갈 3:15-22	스 8:1-23
12	삼하 13:23-39	갈 3:23-29	스 8:24-36
13	삼하 14:1-24	갈 4:1-7	스 9:1-15
14	삼하 14:25-33	갈 4:8-20	스 10:1-44
15	삼하 15:1-12	갈 4:21-31	단 1:1-21
16	삼하 15:13-23	갈 5:1-15	단 2:1-24
17	삼하 15:24-37	갈 5:16-26	단 2:25-49
18	삼하 16:1-23	갈 6:1-5	단 3:1-18
19	삼하 17:1-14	갈 6:6-10	단 3:19-30
20	삼하 17:15-29	갈 6:11-18	단 6:1-15
21	삼하 18:1-18	살후 1:1-12	단 6:16-23
22	삼하 18:19-33	살후 2:1-12	단 6:24-28
23	삼하 19:1-15	살후 2:13-17	계 1:1-8
24	삼하 19:16-23	살후 3:1-5	계 1:9-20
25	삼하 19:24-43	살후 3:6-18	계 2:1-7
26	삼하 20:1-26	스 1:1-11	계 2:8-11
27	삼하 21:1-22	스 3:1-13	계 2:12-17
28	삼하 22:1-10	스 4:1-10	계 2:18-29
29	삼하 22:11-20	스 4:11-24	계 3:1-6
30	삼하 22:21-30	스 5:1-17	계 3:7-13
31	삼하 22:31-43		계 3:14-22

매일의 말씀
프로그램 D

날짜	1월	2월	3월
1	시 71:1-14	시 75:1-10	시 84:1-12
2	시 71:15-24	시 77:1-20	시 85:1-13
3	시 73:1-28	시 81:1-16	시 86:1-17
4	막 1:1-8	막 7:1-23	신 6:16-25
5	막 1:9-15	막 7:24-30	신 7:1-11
6	막 1:16-20	막 7:31-37	신 7:12-16
7	막 1:21-28	막 8:1-10	신 7:17-26
8	막 1:29-34	막 8:11-21	신 8:1-10
9	막 1:35-39	막 8:22-26	신 8:11-20
10	막 1:40-45	막 8:27-38	신 9:1-5
11	막 2:1-12	신 1:1-18	신 9:6-21
12	막 2:13-17	신 1:19-33	신 9:22-29
13	막 2:18-22	신 1:34-46	신 10:1-11
14	막 2:23-28	신 2:1-15	신 10:12-22
15	막 3:1-6	신 2:16-25	신 11:1-7
16	막 3:7-12	신 2:26-37	신 11:8-17
17	막 3:13-19	신 3:1-11	신 11:18-25
18	막 3:20-30	신 3:12-22	신 11:26-32
19	막 3:31-35	신 3:23-29	신 12:1-14
20	막 4:1-20	신 4:1-8	신 12:15-32
21	막 4:21-25	신 4:9-14	신 13:1-5
22	막 4:26-34	신 4:15-24	신 13:6-18
23	막 4:35-41	신 4:25-31	합 1:1-17
24	막 5:1-20	신 4:32-49	합 2:1-11
25	막 5:21-34	신 5:1-21	합 2:12-20
26	막 5:35-43	신 5:22-33	합 3:1-15
27	막 6:1-6	신 6:1-9	합 3:16-19
28	막 6:6-13	신 6:10-15	막 9:1-13
29	막 6:14-29		막 9:14-29
30	막 6:30-44		막 9:30-37
31	막 6:45-56		막 9:38-50

매일의 말씀
프로그램 D

날짜	4월	5월	6월
1	시 90:1-17	시 92:1-15	시 95:1-11
2	시 91:1-16	시 94:1-13	시 96:1-13
3	막 10:1-16	시 94:14-23	시 97:1-12
4	막 10:17-31	신 28:1-19	대상 15:1-24
5	막 10:32-45	신 28:20-46	대상 15:25-29
6	막 10:46-52	신 28:47-68	대상 16:1-6
7	막 11:1-11	신 29:1-9	대상 16:7-22
8	막 11:12-19	신 29:10-21	대상 16:23-36
9	막 11:20-33	신 29:22-29	대상 16:37-43
10	막 12:1-12	신 30:1-10	대상 17:1-15
11	막 12:13-27	신 30:11-14	대상 17:16-27
12	막 12:28-34	신 30:15-20	대상 18:1-17
13	막 12:35-40	신 31:1-13	대상 19:1-19
14	막 12:41-44	신 31:14-29	대상 20:1-8
15	막 13:1-13	신 31:30-32:8	대상 21:1-17
16	막 13:14-27	신 32:9-19	대상 21:18-30
17	막 13:28-37	신 32:20-27	대상 22:1-19
18	막 14:1-11	신 32:28-43	대상 23:1-32
19	막 14:12-26	신 32:44-52	대상 24:1-31
20	막 14:27-31	신 33:1-11	대상 25:1-31
21	막 14:32-42	신 33:12-25	대상 26:1-32
22	막 14:43-52	신 33:26-29	대상 27:1-34
23	막 14:53-65	신 34:1-12	대상 28:1-10
24	막 14:66-72	대상 10:1-14	대상 28:11-21
25	막 15:1-15	대상 11:1-9	대상 29:1-9
26	막 15:16-20	대상 11:10-47	대상 29:10-19
27	막 15:21-32	대상 12:1-15	대상 29:20-30
28	막 15:33-47	대상 12:16-22	전 1:1-11
29	막 16:1-11	대상 12:23-40	전 1:12-18
30	막 16:12-20	대상 13:1-14	전 2:1-11
31		대상 14:1-17	

매일의 말씀
프로그램 D

날짜	7월	8월	9월
1	시 100:1-5	시 102:1-11	시 103:1-11
2	시 101:1-8	시 102:12-28	시 103:12-22
3	전 2:12-17	대하 6:28-33	대하 25:1-16
4	전 2:18-26	대하 6:34-42	대하 25:17-28
5	전 3:1-15	대하 7:1-10	대하 26:1-15
6	전 3:16-22	대하 7:11-22	대하 26:16-23
7	전 4:1-6	대하 8:1-18	대하 27:1-9
8	전 4:7-16	대하 9:1-12	대하 28:1-15
9	전 5:1-9	대하 9:13-31	대하 28:16-27
10	전 5:10-20	대하 10:1-19	대하 29:1-19
11	전 6:1-12	대하 11:1-23	대하 29:20-36
12	전 7:1-10	대하 12:1-16	대하 30:1-12
13	전 7:11-18	대하 13:1-12	대하 30:13-27
14	전 7:19-29	대하 13:13-22	대하 31:1-10
15	전 8:1-8	대하 14:1-8	대하 31:11-21
16	전 8:9-17	대하 14:9-15	대하 32:1-8
17	전 9:1-10	대하 15:1-7	대하 32:9-23
18	전 9:11-18	대하 15:8-19	대하 32:24-33
19	전 10:1-11	대하 16:1-14	대하 33:1-13
20	전 10:12-20	대하 17:1-9	대하 33:14-25
21	전 11:1-10	대하 17:10-19	대하 34:1-7
22	전 12:1-8	대하 18:1-34	대하 34:8-28
23	전 12:9-14	대하 19:1-11	대하 34:29-33
24	대하 1:1-17	대하 20:1-19	대하 35:1-19
25	대하 2:1-18	대하 20:20-37	대하 35:20-27
26	대하 3:1-17	대하 21:1-10	대하 36:1-23
27	대하 4:1-22	대하 21:11-20	사 1:1-9
28	대하 5:1-14	대하 22:1-12	사 1:10-20
29	대하 6:1-11	대하 23:1-21	사 1:21-31
30	대하 6:12-21	대하 24:1-14	사 2:1-22
31	대하 6:22-27	대하 24:15-27	

매일의 말씀
프로그램 D

날짜	10월	11월	12월
1	시 107:1-9	시 108:1-13	시 112:1-10
2	시 107:10-22	시 110:1-7	시 113:1-9
3	시 107:23-32	시 111:1-10	시 115:1-18
4	시 107:33-43	사 32:1-8	호 13:1-16
5	사 3:1-26	사 32:9-20	호 14:1-9
6	사 4:1-6	사 33:1-6	느 1:1-11
7	사 5:1-7	사 33:7-16	느 2:1-10
8	사 5:8-30	사 33:17-24	느 2:11-20
9	사 6:1-13	사 34:1-17	느 4:1-14
10	사 7:1-9	사 35:1-10	느 4:15-23
11	사 7:10-25	사 36:1-22	느 5:1-19
12	사 8:1-22	사 37:1-7	느 6:1-9
13	사 9:1-21	사 37:8-20	느 6:10-19
14	사 10:1-19	사 37:21-38	느 8:1-12
15	사 10:20-34	사 38:1-8	느 8:13-18
16	사 11:1-9	사 38:9-22	느 9:1-8
17	사 11:10-16	사 39:1-8	느 9:9-22
18	사 12:1-6	호 1:1-11	느 9:23-31
19	사 25:1-5	호 2:1-13	느 9:32-38
20	사 25:6-12	호 2:14-23	느 12:27-43
21	사 26:1-10	호 3:1-5	느 12:44-47
22	사 26:11-21	호 4:1-19	느 13:1-14
23	사 27:1-13	호 5:1-15	느 13:15-22
24	사 28:1-13	호 6:1-11	느 13:23-31
25	사 28:14-29	호 7:1-16	몬 1-7
26	사 29:1-14	호 8:1-14	몬 8-25
27	사 29:15-24	호 9:1-17	요이 1-13
28	사 30:1-7	호 10:1-15	요삼 1-15
29	사 30:8-17	호 11:1-12	유 1-25
30	사 30:18-33	호 12:1-14	시 116:1-19
31	사 31:1-9		시 117:1-2

매일의 말씀
프로그램 E

날짜	1월	2월	3월
1	시 118:1-14	시 121:1-8	시 125:1-5
2	시 118:15-29	시 123:1-4	시 126:1-6
3	창 1:1-31	창 21:22-34	렘 9:1-16
4	창 2:1-17	창 22:1-24	렘 9:17-26
5	창 2:18-25	창 23:1-20	렘 10:1-11
6	창 3:1-24	창 24:1-9	렘 10:12-16
7	창 4:1-26	창 24:10-27	렘 10:17-25
8	창 5:1-32	창 24:28-49	렘 11:1-8
9	창 6:1-22	창 24:50-67	렘 11:9-17
10	창 7:1-24	렘 1:1-10	렘 11:18-23
11	창 8:1-22	렘 1:11-19	렘 12:1-6
12	창 9:1-29	렘 2:1-13	렘 12:7-17
13	창 10:1-32	렘 2:14-25	렘 13:1-14
14	창 11:1-32	렘 2:26-37	렘 13:15-27
15	창 12:1-9	렘 3:1-5	렘 14:1-9
16	창 12:10-20	렘 3:6-18	렘 14:10-22
17	창 13:1-13	렘 3:19-25	렘 15:1-9
18	창 13:14-18	렘 4:1-18	렘 15:10-21
19	창 14:1-16	렘 4:19-31	렘 16:1-13
20	창 14:17-24	렘 5:1-9	렘 16:14-21
21	창 15:1-21	렘 5:10-19	렘 17:1-11
22	창 16:1-16	렘 5:20-31	렘 17:12-18
23	창 17:1-14	렘 6:1-15	렘 17:19-27
24	창 17:15-27	렘 6:16-30	창 25:1-18
25	창 18:1-15	렘 7:1-15	창 25:19-26
26	창 18:16-33	렘 7:16-34	창 25:27-34
27	창 19:1-22	렘 8:1-12	창 26:1-11
28	창 19:23-38	렘 8:13-22	창 26:12-25
29	창 20:1-18		창 26:26-35
30	창 21:1-7		창 27:1-29
31	창 21:8-21		창 27:30-46

매일의 말씀
프로그램 E

날짜	4월	5월	6월
1	시 127:1-5	시 130:1-8	시 133:1-3
2	시 128:1-6	시 131:1-3	시 136:1-26
3	창 28:1-9	창 46:1-27	시 138:1-8
4	창 28:10-22	창 46:28-34	렘 29:24-32
5	창 29:1-20	창 47:1-12	렘 30:1-11
6	창 29:21-35	창 47:13-31	렘 30:12-24
7	창 30:1-24	창 48:1-7	렘 31:1-14
8	창 30:25-43	창 48:8-22	렘 31:15-30
9	창 31:1-16	창 49:1-12	렘 31:31-40
10	창 31:17-42	창 49:13-33	렘 32:1-15
11	창 31:43-55	창 50:1-14	렘 32:16-25
12	창 32:1-12	창 50:15-26	렘 32:26-35
13	창 32:13-32	렘 18:1-12	렘 32:36-44
14	창 33:1-20	렘 18:13-23	렘 33:1-13
15	창 34:1-31	렘 19:1-15	렘 33:14-26
16	창 35:1-8	렘 20:1-18	렘 34:1-22
17	창 35:9-29	렘 21:1-14	렘 35:1-19
18	창 37:1-36	렘 22:1-12	렘 36:1-19
19	창 38:1-30	렘 22:13-30	렘 36:20-32
20	창 39:1-6	렘 23:1-8	렘 37:1-21
21	창 39:7-23	렘 23:9-22	렘 38:1-13
22	창 40:1-23	렘 23:23-40	렘 38:14-28
23	창 41:1-36	렘 24:1-10	렘 39:1-18
24	창 41:37-45	렘 25:1-14	렘 40:1-16
25	창 41:46-57	렘 25:15-38	렘 41:1-18
26	창 42:1-38	렘 26:1-15	렘 42:1-22
27	창 43:1-34	렘 26:16-24	렘 43:1-13
28	창 44:1-34	렘 27:1-22	렘 44:1-14
29	창 45:1-15	렘 28:1-17	렘 44:15-30
30	창 45:16-28	렘 29:1-14	렘 45:1-5
31		렘 29:15-23	

매일의 말씀
프로그램 E

날짜	7월	8월	9월
1	시 139:1-12	시 141:1-10	시 143:1-12
2	시 139:13-24	시 142:1-7	시 144:1-15
3	출 1:1-22	출 19:16-25	민 21:21-35
4	출 2:1-25	출 20:1-26	민 22:1-20
5	출 3:1-12	출 32:1-14	민 22:21-41
6	출 3:13-22	출 32:15-29	민 23:1-12
7	출 4:1-17	출 32:30-35	민 23:13-30
8	출 4:18-31	출 33:1-11	민 24:1-9
9	출 5:1-23	출 33:12-23	민 24:10-25
10	출 6:1-30	출 34:1-9	민 25:1-18
11	출 7:1-25	출 34:10-28	민 27:1-23
12	출 8:1-32	출 34:29-35	수 1:1-9
13	출 9:1-35	민 9:1-14	수 1:10-18
14	출 10:1-29	민 9:15-23	수 2:1-24
15	출 11:1-10	민 10:1-28	수 3:1-17
16	출 12:1-14	민 10:29-36	수 4:1-24
17	출 12:15-28	민 11:1-15	수 5:1-15
18	출 12:29-51	민 11:16-23	수 6:1-21
19	출 13:1-16	민 11:24-35	수 6:22-27
20	출 13:17-22	민 12:1-16	수 7:1-15
21	출 14:1-14	민 13:1-33	수 7:16-26
22	출 14:15-31	민 14:1-25	수 8:1-29
23	출 15:1-18	민 14:26-38	수 8:30-35
24	출 15:19-27	민 14:39-45	수 9:1-27
25	출 16:1-12	민 16:1-14	수 10:1-15
26	출 16:13-36	민 16:15-35	수 10:16-27
27	출 17:1-7	민 16:36-50	수 10:28-43
28	출 17:8-16	민 17:1-13	수 11:1-15
29	출 18:1-12	민 20:1-13	수 11:16-23
30	출 18:13-27	민 20:14-29	수 22:1-9
31	출 19:1-15	민 21:1-20	

매일의 말씀
프로그램 E

날짜	10월	11월	12월
1	시 145:1-9	시 146:1-10	시 150:1-6
2	시 145:10-21	시 147:1-20	왕하 9:1-13
3	수 22:10-34	왕상 15:1-8	왕하 9:14-37
4	수 23:1-16	왕상 15:9-24	왕하 10:1-17
5	수 24:1-13	왕상 15:25-34	왕하 10:18-36
6	수 24:14-18	왕상 16:1-14	왕하 11:1-21
7	수 24:19-33	왕상 16:15-34	왕하 12:1-21
8	왕상 1:1-31	왕상 17:1-24	왕하 13:1-13
9	왕상 1:32-53	왕상 18:1-19	왕하 13:14-25
10	왕상 2:1-25	왕상 18:20-40	왕하 14:1-16
11	왕상 2:26-46	왕상 18:41-46	왕하 14:17-29
12	왕상 3:1-15	왕상 19:1-18	왕하 15:1-16
13	왕상 3:16-28	왕상 19:19-21	왕하 15:17-38
14	왕상 4:1-34	왕상 20:1-21	왕하 16:1-20
15	왕상 5:1-18	왕상 20:22-43	왕하 17:1-23
16	왕상 8:1-21	왕상 21:1-29	왕하 17:24-41
17	왕상 8:22-30	왕상 22:1-28	왕하 18:1-12
18	왕상 8:31-40	왕상 22:29-53	왕하 18:13-37
19	왕상 8:41-53	왕하 1:1-18	왕하 19:1-7
20	왕상 8:54-66	왕하 2:1-25	왕하 19:8-19
21	왕상 9:1-28	왕하 3:1-27	왕하 19:20-37
22	왕상 10:1-29	왕하 4:1-7	왕하 20:1-11
23	왕상 11:1-13	왕하 4:8-37	왕하 20:12-21
24	왕상 11:14-25	왕하 4:38-44	왕하 21:1-26
25	왕상 11:26-43	왕하 5:1-19	왕하 22:1-20
26	왕상 12:1-20	왕하 5:20-27	왕하 23:1-14
27	왕상 12:21-33	왕하 6:1-33	왕하 23:15-27
28	왕상 13:1-10	왕하 7:1-20	왕하 23:28-37
29	왕상 13:11-34	왕하 8:1-15	왕하 24:1-20
30	왕상 14:1-20	왕하 8:16-29	왕하 25:1-17
31	왕상 14:21-31		왕하 25:18-30

☐ Free Note

☐ Free Note

The Lord is my shepherd, I shall not be in want. (Psalm 23:1)

본 출판사의 서면 허락 없이는 본서의 전부 또는
일부의 무단 복제, 또는 원문에 대한 무단 번역을 금합니다.

경건의 일기

초판 1쇄 발행: 1980년 9월 1일
3판 1쇄 발행: 2017년 12월 20일
3판 4쇄 발행: 2024년 2월 1일

펴낸곳: 네비게이토 출판사 ⓒ
주소: 03784 서울시 서대문구 연희로 16 (창천동)
전화: 334-3305(대표), 334-3037(주문), FAX: 334-3119
홈페이지: http://navpress.co.kr
출판등록: 제10-111호(1973년 3월 12일)